広島・被爆ハマユウの祈り

西村一郎

同時代社

巻頭歌

太陽《ひ》と雨水《みず》で　白花咲かす　ハマユウよ
世界で歌え　いのちの祈り

三休

広島・被爆ハマユウの祈り／目次

3　世界の各地へ　105

4 被爆ハマユウの祈り　144

1　被爆ハマユウ

①ハマユウ

ヒガンバナ科の常緑多年草であるハマユウは、日本では関東以西の暖地の海岸に自生し、初夏に白い花を咲かせます。花びらが細く裂け、和歌では浜木綿《ハマユウ》と書き、多くの細長い花びらが重なっていることから乱れる男女の心などの形容に用いました。万葉集で柿本人麻呂は、「み熊野の　浦の浜木綿　百重《ももえ》なす　心は思へど　直《ただ》に逢はぬかも」と詠みました。み熊野（三重県と和歌山県）の浦に咲く浜木綿のように、幾重にもあなたを想うけれど、実際に逢うことはできなくて悲しんでいる恋歌です。

被爆ハマユウの白い花

ところでここで紹介する被爆ハマユウは、ユリのように花びらが円錐になる別の種類で、長くインド・ハマユウと呼んでいましたが、最近はアフリカ原産との説が出ています。

花は白とピンクの二種類があり、被爆ハマユウは白です。

ハマユウは生命力の強い植物で、肥料はいらず雨水と太陽光で十分に育ちます。我が家のある茨城県南部の平野では越冬も大丈夫ですが、雪の積もる地域では、鉢植えで冬期は部屋に入れておけば枯れる心配がありません。

被爆ハマユウを生んだ核兵器は、冷戦時代の一九八六年に世界中で七万発もありました。それが減ったとはいえ、二〇一九年で九ヵ国にまだ約一万四〇〇〇発あるとストックホルム国際平和研究所が発表しています。

　また局地攻撃用に使用する低出力核と呼ぶ小型の核兵器が、ロシアやアメリカなどで開発されています。小型といってもアメリカの原子力潜水艦に配備予定の小型核弾頭は、爆発規模が五～七キロトンあり、一六キロトンの広島原爆や二一キロトンの長崎原爆より小さいけれど、同じ大被害をもたらします。

　さらに言えば、同じ核分裂が原理の原発による事故の放射能の影響は、まだ東日本の各地で続いています。アメリカ合衆国のトランプ大統領のような、自国の利益最優先の政治家が誕生し、中近東や朝鮮半島などで武力衝突が懸念されています。奄美や沖縄や宮古列島などの琉球弧《りゅうきゅうこ》に、自衛隊や米軍の基地を増強する日本政府の動きもあります。

　そうした不安定な中で人々が安心して暮らすことのできる社会にするため、一つのシンボルとして被爆ハマユウがぜひ多くの地で咲いてほしいと私は願っています。

②原爆の下で

　一九四五年八月六日に人類の歴史が大きく変わりました。日本の軍都であった広島市に住んでいた三五万人の頭上で、世界初の原子爆弾が炸裂し、その年の一二月末までに子どもから老人までの約一四万人もが殺されました。市街地の上空約五八〇メートルで破裂した原爆は、中心の温度が最高摂氏数百万度で小さな太陽の火の玉となり、あたり一面に襲いかかりました。

人体への影響は大きく三つあり、一つ目は熱線です。爆心の地上では摂氏が三〇〇〇度から四〇〇〇度にもなり、六〇〇メートル離れた瓦は表面が泡状となって、二キロメートルで衣服に火が付き、三キロメートルでも樹木や電柱などが焦げたりしました。石段に座っていた人の影の跡とされる「死の人影」や、多くの人々を苦しめたケロイドなどにつながっています。

二つ目が爆風です。爆発の瞬間に数十万気圧となり、まわりの空気が膨張して衝撃波となって四方に走り、その後を強烈な爆風が襲いました。このため急激に気圧が変化し、目からは眼球が、口からは舌が、ヘソや肛門からは内臓の飛び出た人も少なくありません。市内の建物七万六〇〇〇戸は、全壊全焼六三%、全壊五%、半壊・半焼・大破二四%と、実に九二%が影響を受けて壊滅状態となっています。

三つ目は放射線です。あらゆる生物の奥深くまで入った初期放射線は、細胞内の遺伝子を破壊し、爆心から一キロメートル以内にいた人に致命的な影響を与え、また残留放射線は、生き残った人々だけでなく、救援にかけつけた人たちの命と健康にも大きなダメージを与えました。それらの放射線は、外部被爆だけでなく、呼吸や飲食などによる内部被爆にもつながり、後遺症は今でも続いています。

③ハマユウを比治山へ運んだ尾島良平さん

ところで爆心地から東へ約二キロメートルの地点に、市街地を見下ろす高さ七一メートルの小さな比治山があります。当時この一帯には、陸軍船舶部隊（通称　暁《あかつき》部隊）砲兵団司令部の隊員約一五〇〇名が駐屯し、木造の兵舎などで暮らしていました。その一人が同司令部暁第六一八〇部隊に所属する兵長の尾島良平さん（一九一〇年～一九七九年）で、現地自活班長をしていました。兵士になる前から花が好きで、ここでハマ

尾島良平さん　1972年
尾島真次さん提供

ユウを育てていたのです。なおこの部隊は人数が多く、司令部は比治山にありましたが、爆心地から二二〇〇メートル離れ、比治山の西側にある段原町の旧広島女子商業高校にいた衛生教育隊を含め、広島市が一九七一年に編集した『広島原爆戦災誌（全五巻）』によれば、暁を冠した部隊は広島市内外に五〇以上もありました。

神奈川の農家出身で隊員の食事担当であった尾島さんは、ある日食材の買出しに出かけたとき、広島市の西にある己斐《こい》町の農家から、珍しいハマユウの株をもらいました。不足する食糧を増産するため畑で花の栽培を禁止され、廃棄するハマユウを誰かに育ててほしいとその農家は願っていました。そこに尾島さんが偶然通りかかったのです。事情を聞いた尾島さんは、兵舎の庭であれば誰も文句は言わないだろうと思い、比治山へとハマユウを運び、日当たりの良い場所を選んで植え成長を楽しんでいました。

④被爆ハマユウ

比治山も原爆の直撃を受け、買出しに出かける直前の尾島さんは、爆風で吹き飛ばされ胸の骨を折りました。しかし、偶然にも兵舎の陰にいたため、幸いなことに火傷はせず命に別状はありませんでした。それでも何人もの戦友が原爆で重症を負い、または死んでいきました。木造の兵舎は崩れ、葉をなくして枝だけになった木々が続き、その根元では羽根をなくした小鳥たちが、ピョンピョンとのた打ち回っていました。

戦争が終わり尾島さんは、九月上旬に除隊となり神奈川県で待つ家族の元へ帰りました。元気になりその年の一一月に比治山を再び訪ね、崩れた兵舎の前で亡き戦友たちを偲びつつ両手を合わせました。

ふと見ると、ガレキの間から細長い緑の葉が出ていたのです。ハマユウです。原爆でハマユウもダメになったものと尾島さんはあきらめていましたが、新しい葉を必死に伸ばして生きていたのです。

さっそくガレキを取り除き、土の中から球根と根を掘り出した尾島さんは、鎌倉市小堀谷の借家へと大切に持ち帰りました。

⑤破魔勇《はまゆう》の旅立ち

庭にハマユウを植えて水を与えると、だんだんと元気になっていきました。翌年の初夏には一メートルほどの高さの茎の先に、被爆の前のように白い花を咲かせました。数年すると株の周囲に新しい株がいくつも出るので、移植すると増えていきます。

一九五二年に尾島さんは、鎌倉市岡本へ家屋を購入して引っ越し、ハマユウも全て掘り起こして移しました。新しい株を分けて、高台にある家の庭や傾斜地にも植えると、やがてたくさんのハマユウの白い花が家を囲むように咲き、尾島さんの家は「ハマユウ荘」と呼ばれるようになりました。

こうして増えた被爆ハマユウを、尾島さんは平和を祈念して各地に運んで植え、その一つが同じ鎌倉市にある大船観音寺の境内です。原爆の火を灯している石灯篭の傍で、被爆ハマユウは今も元気に育っています。なおここの慰霊碑は、広島と長崎の爆心地にあった石と第五福竜丸の遺品を添え、千羽鶴を刻んだ橇《そり》に乗せ、被爆者が平和の丘に向かう姿を表しています。

このような被爆ハマユウについて、尾島さんはいくつかの文書を達筆な筆で残しています。

まず一九六五年の「破魔勇の記」で、全文は以下です。

「此の浜木綿は戦争中広島市己斐西仲町の人橋本一太なる老人の栽培せるを余乞うて一株

大船観音寺境内で、原爆の火の側にある被爆ハマユウ

を暁六一八〇本部なる比治山に植え其の年の六月花を見ても昭和二十年八月六日の原爆にて市内と共に建築物は倒壊し草木は枯死し旬日にして終戦となり九月八日帰郷し十一月二日再び比治山を訪ねるに当時七十五年間は草木も生えぬとの風説を破り浜木綿のみ青々と繁るを見てその生きる力の旺盛さに愕き克つ喜び其の一株を持ち帰り庭に植え以来十星霜その子その孫と千を数えるに至る故に余は破

魔勇と名付け朝夕心の鑑となす　昭和三十年六月　兵六識」

なお兵六とは尾島さんの愛用した雅号で、兵士のときの階級が最下位の二等兵から数えて六番目の位であったことから創ったものです。

一九七四年に尾島さんは、東京都立夢の島公園にある第五福竜丸の側に被爆ハマユウを植えるため、当時の美濃部亮吉都知事宛てに、「破魔勇贈植の念願」と題した以下の親書も書いています。

「此の度ビキニ環礁で米国の水爆実験の死の灰を浴びし福竜丸が東京都夢の島に安置され戦争を憎む象徴として永久に安置されその巡りの小公園となる事を喜び同じ運命をたどった破魔勇一株を福竜丸の船側に植え犠牲となった久保山さんの霊を慰め再度悲惨な戦争をしないよう恒久の和平を祈念する　一被爆者」

原爆にも負けなかったこのハマユウは、恐ろしい悪魔をも打ち破るほどの勇ましい力を持っているとし、破魔勇と書いて尾島さんは賞賛したのです。そして純白の花を咲かせほのかに甘い香りを漂わせる被爆ハマユウを、核兵器の脅威がこの世からなくなるまで、反核平和のシンボルとして世の中に広げる願いを強めました。

知り合いの被爆者が亡くなると、墓前に被爆ハマユウを持参し、尾島さんは平和への願いを込めて黙々と植えてきました。

なお尾島さんは、広島平和記念資料館が一九七四年と一九七五年に集めた「市民が描いた原爆の絵」に、「相生橋西側の顔半分が残った白骨死体」の絵（六〇センチメートル×八五・センチメートル）を出しています。原爆投下から一ヵ月後に、当時三四歳の尾島さんが、たまたま通りかかった爆心から三〇〇メートルの河原において、全身はすでに白骨化していましたが、土に埋もれていた顔の半分だけは皮膚が残り、仰向けにすると尾島さんをにらむように若い女性の片目が開いていました。尾島さんにとって一生忘れられないその場面を、白黒の絵で描いています。相生橋は、原爆ドームのすぐ北側にあり、本川（旧太田川）と元安川の分岐点に架かるT字形の珍しい橋で、原爆投下の目印になった説もあります。

一九七九年に尾島さんが六九歳で亡くなった後は、長男の真次さん（七三歳）が被爆ハマユウをしっかり守り育てています。また尾島良平さんの遺志をつなぐため、一九九五年に私が設立した被爆ハマユウ・クラブは、反核平和のため被爆ハマユウのさらなる普及に努めています。

同クラブは、被爆ハマユウを普及する任意の団体で、特別な会則や会費もありません。

被爆ハマユウの子や孫や曾孫の株が各地へと広がり、一人でも多くの方が、少しでも平和な社会づくりを考えるきっかけになることを願っています。

ところで仏教の一経典である阿弥陀経《あみだ》の中に、白色白光《びゃくしきびゃっこう》とあります。白い色の花は白い光を放っており、青い色は青い光を、黄の色は黄の光を、赤い色は赤い光をとあり、それぞれが異なった素晴らしさを秘めていると教えています。

また仏教において白は重要な色で、世界の仏教のシンボルである仏旗または五色幕は、青・黄・赤・白・黒が基本で、白は仏陀の歯の色で清浄を表わしています。また白象は、お釈迦さまの生母であるマーヤ夫人の夢に出て、お釈迦さまの誕生を予言したといわれています。被爆ハマユウの白い花が放つ純白の光を、静かに一人ひとりが受け止めてほしいものです。

そのため以下で被爆ハマユウの、国内外にある各地の移植先を紹介させてもらいます。訪ねる機会があれば、被爆ハマユウによる平和への祈りを、心でゆっくり聴いてもらえると幸いです。

2　日本の各地へ

①広島平和記念公園

広島平和記念公園へ

まずは、日本における反核平和における一つの発信地である広島平和記念公園です。日本人だけでなく、海外からもたくさんの訪問者が毎年訪ねています。広島市のホームページには、面積一二万二一〇〇平方メートルの平和記念公園について以下のように紹介しています。

〈旧太田川（本川）が元安川と分岐する三角州の最上流部に位置し、原爆死没者の慰霊と世界恒久平和を祈念して開設された都市公園です。
この場所は、江戸時代から昭和初期に至るまで広島市の中心的な繁華街でしたが、昭和二〇年（一九四五年）八月六日に人類史上初めて落とされた一発の原子爆弾により、一瞬のうちに破壊されました。被爆後、昭和二四年（一九四九年）八月六日に公布された広島平和記念都市建設法に基づき、爆心地周辺を恒久平和の象徴の地として整備するため、昭和二五年（一九五〇年）から平和記念公園及び施設の建設が進められ、昭和三〇年（一九五五年）に完成しました。
公園内には、原爆ドーム、広島平和記念資料館、平和の願いを込めて設置された数々のモニュメント、被爆したアオギリなどがあります〉
公園には、原爆死没者慰霊碑、平和の時計塔、平和の鐘、原爆供養塔、平和の石燈、韓国人原爆犠牲者慰霊碑、原爆の子の像など、原爆に関連する慰霊碑や記念碑が三五基もあります。

被爆ハマユウの花壇

そうした被爆の全体を理解するため、公園の南側に広島平和記念資料館があり、中央の本館と東館の二棟が建っています。その東館の北側にある公園の一角に、金属製の低い柵で囲まれた被爆ハマユウの花壇があります。一九六九年に尾島良平さんが、鎌倉の自宅から運んで植えたものです。それは大船観音寺の境内に原爆慰霊碑を立てるとき、広島から石材を寄贈してもらったお礼であり、被爆ハマユウの里帰りでもありました。

私は広島の平和公園を訪ねたとき、原爆ドームや広島平和記念資料館を歩き、必ずこの被爆ハマユウの前にも立ち両手を合わせます。散策するとき雨が降らなければスケッチをし、原爆ドームでは以前より赤レンガなどが色あせて見え、年月が経って被爆の風化が進んでいることを心配しています。

また干潮時を見計らって公園の横を流れる元安川に降り、川岸の小石や泥の中から原爆瓦を探します。原爆の熱線で焼かれ、瓦の表面にある黒い釉薬が溶けてザラザラしています。同じ熱線を全身に受けた多数の老若男女が、もがき叫びのた打ち回り、そして息を引き取っていきました。そうした人たちの骨や髪の毛などが、周辺の土の下に今も埋もれています。

なお広島市のホームページには、被爆樹木リストも掲載されています。そこには、認識番号・樹木名・所在地・爆心地からの距離・所有者等・備考が記載され、爆心地から見た

相生橋からの広島原爆ドームと元安川

所在地の方角や、爆心地から所在地までの距離もあれば、移植かどうかについても分かります。シダレヤナギ、クロガネモチ、クスノキ、ソメイヨシノ、エノキなどが並び、そこに被爆ハマユウは「インドハマユウ」と記入してあり、爆心から二二〇〇メートルで「旧広島女子商業高校で被爆し、後に移植」とあります。

しかし、先に紹介した「破魔勇の記」や、尾島さんの絵「相生橋西側の顔半分が残った白骨死体」に付けたメモ、さらに『広島原爆戦災誌』の原爆被害関連部隊一覧（広島）に、どれも「暁第六一八〇部隊の比治山」と明記してあり、被爆ハマユウは比治山に植わっていたとすべきでしょう。

②広島市　被爆ピアノの矢川ピアノ工房

被爆ピアノと矢川光則さん

被爆ピアノとは、原爆投下時の広島と長崎にあって、原爆の爆風、熱線、放射線などの被害を受けたものです。広島市内にある株式会社矢川ピアノ工房には、現在六台の被爆ピアノがあり、広島だけでなく全国各地での演奏で美しい音色を奏でています。

広島市に暮らす被爆二世でピアノ調律師の矢川光則さん（六七歳）は、広島平和記念公園にある被爆アオギリの前で、二〇〇一年より毎年コンサートを開催しています。六台の被爆ピアノを保管し、四トントラックを運転して、これまでに沖縄から北海道まで約二〇〇〇ヵ所以上の演奏をしているから驚きます。

さらに被爆ピアノは、二〇一〇年にはじめて海を越えてアメリカのニューヨーク市で、また二〇一七年にはノルウェーのオスロ市でノーベル平和賞コンサートにおいても演奏しました。原爆を乗り越えたピアノが奏でる音色は、平和と地球を大切にする心を世界で伝えています。

二〇〇六年に私は、広島市のある小学校で被爆ピアノの演奏会を聴かせてもらいました。若い女性がまず弾いてくれたのは、ショパンの「ノクターン二〇番遺作」で、映画「戦場のピアニスト」（二〇〇二年）でも切なく流れた名曲です。

その後は一転して、子どもたちに馴染みのある曲がメドレーで続き、後で子どもたちに曲名を当てさせていました。高学年向けには、「冬のソナタ」「エリーゼのために」「トルコ行進曲」「世界に一つだけの花」などが続き、低学年向けには、「サザエさん」「アンパンマンのマーチ」「ミッキーマウス・マーチ」「大きな栗の木の下で」などもありました。「ドラエもん」の曲になったときは、みんなの大合唱がおこりました。

退場する子どもたちは、一列になって被爆ピアノの前を通り、中には色あせた鍵盤にそっと触るとか、または黒い板にいくつもあるガラス片の傷跡を恐る恐る指でなぞっていました。

私も傷跡にそろりと指先を当てると、鋭い喰い込みがいくつかありました。これほどの傷をつくるガラス片が、人体に突き刺されば深く切り込んで血しぶきが飛び散り、さぞかし痛かっただろうし、もしくは命を落とした人もいるはずです。

被爆ピアノと矢川光則さん　矢川光則さん提供

被爆ピアノの前板などをよく観ると、塗ったニスが斑点になっている箇所がいくつもあり、これも原爆が残した痕です。

翌日に被爆ハマユウを持って私は、広島市郊外の山中にある矢川ピアノ工房を訪ねて寄贈し、いろいろな話を聞かせてもらいました。

矢川さんは、一九七二年にピアノ調律技術者養成所を卒業し、その技術を活かした仕事を会社に入って続け、一九九三年から独立し一九九五年には矢川ピアノ工房を設立して今日に至っています。

ピアノの命である鋳鉄製フレームや響板に亀裂がなければ、弦などの消耗品を交換することによって、以前の素晴らしい音色をよみがえらせることができます。ところで世の中は、ピアノも含めて大量生産から大量消費へと変化し、その結果ピアノが大量廃棄となって環境問題の一つとなっています。そこで環境に配慮した矢川さんは、ピアノのリサイクルを強化し、再生したピアノを老人ホームや知的障がい者の施設などへ長年寄贈してきました。遠くは、ベトナムやアフリカのモザンビーク、ルワンダ、ケニアまで届けているので、その熱意は並のものではありません。

工房の壁には、各地の寄贈先からの感謝状や表彰状が並び、その一つが二〇〇三年にもらった広島市民賞で、当時の秋葉忠利市長の名前で以下の文面になっていました。

〈あなたは広島の人々に希望とやすらぎを与え、元気な広島、住みよい広島をつくるために寄与されました〉

生協ひろしま虹のコーラス

被爆ピアノと一緒に活動しているグループの一つに、「生協ひろしま虹のコーラス」があります。一九八一年の全国生協平和交流会で、原爆詩人である峠三吉の一生をテーマにした合唱構成劇の上演や、広島県生協連と日本生協連が主催し、一九八五年の「虹のひろ

2019年「虹のひろば」の被爆ピアノと「虹のひろば合唱団」
広島県生協連提供

ば」で全国から参加した生協の仲間たちを歌声で歓迎しようと、生協ひろしまの組合員有志で合唱団を編成し、平和・未来・こどもたちをテーマに歌ってきました。それ以来、全国の生協の仲間が毎年八月に広島で集う「虹のひろば」において、舞台に立ち平和の歌声を響かせています。

二〇一九年には、県立体育館での「虹のひろば」のフィナーレに、被爆ピアノの演奏で、虹のコーラスと生協組合員が一緒になって「虹のひろば合唱団」となり、「にじ」「青い空は」「世界の命＝広島の心」の3曲を、平和への想いを込めて歌いました。

また同年の被爆ピアノによるアオギリ平和コンサートにも出演し、「わたしはピアノ」「さくらよ」「にのしま」「YES! Nuclear Free!」「一人の手」「原爆を許すまじ」を合唱しています。

被爆ハマユウと福島の桜の記念植樹

平和活動に積極的な生協ひろしまでは、二〇一九年春に被爆ハマユウと福島の「夜の森さくら」を一緒に記念植樹しました。福島県富岡町からの桜は、「夜の森さくらプロジェクト」によるもので、原発事故で避難している富岡町の人たちが、今も心を寄せている桜を広島にも植え、広島の人たちも同じ核被害の富岡町の人々と、心を合わせて共に生きることが目的でした。被爆ハマユウは、原爆に関わる「碑めぐりガイドの会」三〇周年を記念し、これからも大切な平和を発信していこうとするものでした。

植樹に参加した人たちからは、「東日本大震災と広島の原爆は、どちらも決して忘れてはいけないこと。桜とハマユウのそばを通るたびに、思いを巡らせていきたい」とか、碑めぐりガイドからは、「これまで先輩ガイドが伝えてこられた広島の心を、これからも被爆ハマユウのように継承していきたい」との感想がありました。

すでに二〇一九年から、矢川さんの取り組みをテーマとした映画「おかあさんの被爆ピアノ」（監督・脚本：五藤利弘）の撮影がはじまり、二〇二〇年八月には全国での上映が予定され、生協ひろしまでは組合員から多額のカンパを集め応援しています。

これからも全国各地で被爆ピアノは、反核平和を求める優しい響きを人々の心にきっと届けることでしょう。

矢川ピアノ工房　代表　矢川光則
〒731-3169　広島市安佐南区伴西6-309
HP：http://www.ygtc.jp/hibaku.html

③上野東照宮「広島・長崎の火」

広島と長崎の原爆の火を東京へ

東京都内の「下町人間の会」が、原爆の火を上野東照宮に灯し続けることを一九八八年

上野東照宮「広島・長崎の火」の横に育つ被爆ハマユウ

に提唱し、「上野の森に『広島・長崎の火』を永遠に灯す会」が発足しました。当時の宮司の賛同で、同境内にモニュメントの設置と火の維持管理の協力が得られました。

そこで被爆四五周年の一九九〇年に私も参加させてもらい、福岡県星野村で山本達雄さんが燃やし続けてきた広島の原爆の火を譲り受け、長崎市では原爆瓦に電動ドリルを当てて彩火し、それぞれを別のカイロの火にして東京へ運びました。

灯す会は、上野東照宮の境内に鳩をモチーフにしたモニュメントを造り、広島の火は同年八月六日にカイロから点火し、八月九日には長崎の火を重ねました。火の下の台座には、「核兵器をなくし、永遠に平和を誓う広島・長崎の火」と刻んでいます。

モニュメントのすぐ横に育つ被爆ハマユウは、初夏になるとたくさんの白い花を咲かせ、大切な広島・長崎の火を今も静かに見守っています。

原爆の火の広がり

「広島・長崎の火」については、「上野の森に『広島・長崎の火』を永遠に灯す会」のチラシやホームページで、以下のように触れています。

〈広島の惨禍を生き抜いた福岡県星野村（現八女市）の山本達雄さんは、叔父の家の廃墟にくすぶっていた原爆の火を故郷に持ち帰り、「恨みの火」として密かに灯し続けました。しかし、長い年月を経て「核兵器をなくし平和を願う火」として灯すようになりました。

一九八八年三千万人の「ヒロシマ・ナガサキからのアピール」署名とともに、「広島の火」は長崎の原爆瓦から採った火と合わされ、ニューヨークの第三回国連軍縮特別総会に届けられました。（略）

二〇一一年三月一一日、東日本を襲った巨大な地震と津波によって東京電力福島第一原子力発電所が爆発、深刻な放射能汚染がひろがり、ヒロシマ・ナガサキ・ビキニと被爆国だった日本は原発事故で加害国になってしまいました。緑の地球と危険な核は絶対に共存できません。私たちは「非核・平和」実現の誓いの火として、「広島・長崎の火」を子や孫につなぎ、灯しつづけます〉

原爆投下時の過去に注目するだけでなく、今も影響の続く原発事故にも注意した大切な視点です。

なお同じ火は、同会の二〇一一年集計によれば、国内は北海道から沖縄までの四五ヵ所と、海外ではニュージランドとカナダの二ヵ所で、市民団体などが平和への願いを込めて灯していました。

上野の森に「広島・長崎の火」を永遠に灯す会
〒113-0033　東京都文京区本郷3-43-14　グランドメゾン本郷三丁目602号室
小野寺協同法律事務所気付
HP：http://www.uenomorinohi.com/index.html

④東京都立第五福竜丸展示館

第五福竜丸の展示館へ

東京駅から湾岸沿いで千葉に走るＪＲ京葉線の新木場駅から、夢の島公園の一角にある第五福竜丸の展示館へ約一〇分で歩くことができます。

私は小学生の頃に、宇野重吉さんや乙羽信子さんたちが演じる映画「第五福竜丸」（新藤兼人監督　一九五九年）を学校で観ました。政治的な意味はまるで分かりませんでしたが、水爆によって殺された船乗りやその家族の悲しみと怒りを、白黒の映像から感じて怖くなったものです。

同展示館のホームページには、船について以下の説明があります。

〈第五福竜丸は一九五四年三月一日、マーシャル諸島ビキニ環礁でアメリカがおこなった水爆実験により被ばくした静岡県焼津港所属の遠洋マグロ延縄《はえなわ》漁船です。爆心地より一六〇キロ東方の海上で操業中、突如西に閃光《せんこう》を見、地鳴りのような爆発音が船をおそいました。やがて、実験により生じた「死の灰」（放射性降下物）が第五福竜丸に降りそそぎ、乗組員二三人は全員被ばくしました。

第五福竜丸

その後、第五福竜丸は放射能が減るのを待って、東京水産大学（現・東京海洋大学）の学生の航海の練習船「はやぶさ丸」となりました。

水爆ブラボー

三月一日に、アメリカが炸裂させた水爆「ブラボー」は、広島に落とされた原爆の一〇〇〇倍（一五メガトン）の破壊力でした。爆発によって砕けた珊瑚の粉塵はキノコ雲に吸い上げられ、放射能を帯びた「死の灰」となり周辺の海や島々に降り積もりました。放射能は広範な海と大気を汚染したのです。

漁船の被ばく

被害を受けたのは、第五福竜丸だけではありません。日本各地から多くの船が出漁し被害を受けました。五四年末までに八五六隻が放射能に汚染されたマグロを水揚げしています。多くの乗組員が被ばくした可能性がありますが、健康被害など不明な点が多いのです〉

第五福竜丸の願い

館の正面から入ると、そこは第五福竜丸の船尾です。大きな木製の古びた舵取りがあり、錆びたスクリューが目の前にあります。船底や強度の必要な一部には鉄を使って補強していますが、あくまでも木造船です。よくこれほど小さな船で、はるか太平洋の赤道海域まで出かけ、それも水爆の死の灰を浴びてでも帰国ができたものだと感心します。

船体に沿って左舷からまわると、横の壁面にはビキニの死の灰や航海で使った色あせたノートなどが展示してあります。同船の無線長だった久保山愛吉さんが、四〇歳で第五福竜丸乗員の最初の犠牲者となり、喪服の奥さんを中心に3人の幼い娘たちが、泣きながら父親の遺影を持っている写真は、いつ見ても痛々しいものがあります。

久保山さんが遺言とした、「原水爆の被害者は私を最後にしてほしい」という切なる願いは、一九九九年の東海村ＪＣＯ臨界事故や、二〇一一年の東電福島第一原発の事故後に震災関連自殺などが続き、残念ながらまだ達成されていません。

第五福竜丸横の被爆ハマユウ

被爆といえば、誰もが広島や長崎を思い浮かべることでしょう。それに比べると第五福竜丸のことは、あまり人々に知られていません。それでも被害を与えたものが原爆でなく、より強力な水爆であったことや、第二次世界大戦後の出来事であったことなど、世界への影響は広島や長崎より大きいものもありました。

第五福竜丸の元乗組員の一人で、被災当時は二〇歳で冷凍士として乗り込んだ大石又七さんは、体験者として展示館などで、「二一世紀を核兵器のない世紀にするため第五福竜丸とともに、新たな航海をしようではありませんか」と熱く話しています。

ところで尾島良平さんが寄贈した被爆ハ

マユウは、展示館の補修工事のときに惜しくも撤去されていたので、被爆ハマユウ・クラブとして二〇〇四年に再寄贈させてもらいました。館の裏側で、長崎の紫陽花《あじさい》と広島の夾竹桃《きょうちくとう》の間で今も初夏には白い花を咲かせています。

第五福竜丸は水爆被害の焦点

この船が焼津の船主へ引き取られ第五福竜丸に命名された一九五三年と、同じ年に生まれた事務局長の安田和也さん（六七歳）から話を聞きました。

「ここの展示館には、修学旅行や社会科見学の小・中・高校生が多く来てくれます。それでも全国民からすると点のようなもので、『第五福竜丸を知らない世代に伝えたい』をキーワードにし、ビキニ事件がけっして過去の出来事ではなく、今の世界の問題と重ね合わせて考えることを発信し続けることが館の役割です」

第五福竜丸の被爆やビキニ事件の社会的影響と背景には、原発や貧困や環境問題など今の世界につながるという安田さんの大切な指摘です。

実は、水爆による被害を受けたのは第五福竜丸だけではありません。水爆の実験で汚染された被爆マグロは、日本の各港で検査されて深く埋めるなどの処分を受け、該当したマグロ船の八五六隻は一九五四年末までの調査であり、翌年以降について当時の厚生省は調べることを中止しています。さらに驚くことに、放射能による汚染を調査したのはマグロなどの魚だけで、第五福竜丸以外の乗組員は十分に調べていません。数ヵ月も遠洋を航海する乗組員は、捕った魚を毎日食べているにもかかわらずです。仮に九〇〇隻で一隻に二〇名の船員がいたとすると、一万八〇〇〇人に放射能汚染による健康被害の可能性があります。

安田さんの話は続きます。

「第五福竜丸の事件は、アメリカ政府が事実を隠そうとした中で、水爆の恐ろしさを全世界へ伝えました。このときの水爆は、これまでにアメリカが実施した最大規模の核実験で、実に一五メガトンです。第二次世界大戦で、広島と長崎に落とした原爆を含めて、世界中で使用した爆弾や砲弾の合計が三メガトンです。つまり一発の水爆で、第二次世界大戦五回分の破壊力を持っているのですよ」

想像力をはるかに超えた威力で、ビキニの水爆は人類が核兵器で滅亡する危険性や、計り知れない環境破壊の可能性を人々に教えました。残念ながらその危険性や可能性は、六六年たっても解決されず今も続いています。このため安田さんは、「第五福竜丸が過去の証人としてだけでなく、今日や将来の核兵器と戦争の問題を考える上でも大切です」と強調していました。

人々が守る第五福竜丸

第五福竜丸展示館は、市民の平和の取り組みが実り一九七六年にオープンしました。福竜丸は、全長三〇メートルと幅六メートルでマストの高さは一五メートルあります。海から陸に引き上げた後で、船全体が入る大きな三角形の建物を造り、そこに第五福竜丸を引き込んで固定しました。陸といっても埋立地で、そこに木造とはいえ一四〇トン級の船を設置したので、当初は平らな床の一部が何回も沈下して波打ってしまい、その都度補修しました。建物正面の広場には、久保山愛吉記念碑、愛吉・すずのバラやマグロ塚、そして第五福竜丸の心臓でもあったエンジンがあります。

第五福竜丸の二五〇馬力のエンジンを移した貨物船が、かつて三重県の沖で座礁して沈没していました。このエンジンをぜひ引き上げて船と一緒に保存しようとする運動がおこり、やっと一九九六年に海から出すことができました。翌年には『第五福竜丸エンジンを東京・夢の島へ　和歌山県民運動』が活動し、また受け入れる東京では三一の団体が関わって『第五福竜丸エンジンを東京・夢の島へ　都民運動』が発足しました。どちらにも生協組合員を含めた市民が熱心に関わり、一九九八年にやっとエンジンを東京へ運ぶことができました。

六本のシリンダーが上に着いているエンジンは、奥行き一・一メートル、幅五・六メートル、高さ二・五メートルもあります。約三〇年を経て海中から引き上げたときは、かなりの部分は茶色に錆びていましたが、多くの保存を願う人の手で錆び落としや防腐剤を塗布し、今は黒一色となっています。エンジンは、正面から見ると上部に二つの穴が左右にあり、下部には縦に長方形の空洞があります。まるで人の顔のようにも見え、水爆実験で殺された久保山さんたち一九名の乗組員による、無念の叫び声が聞こえてきそうでした。

東京都立第五福竜丸展示館
〒136－0081　東京都江東区夢の島2－1－1　夢の島公園内
HP：http://d5f.org

⑤東京大空襲・戦災資料センター

東京メトロ半蔵門線と都営地下鉄新宿線の住吉駅で下車し、徒歩で約二〇分の場所に東京大空襲・戦災資料センターがあります。一九四五年三月一〇日の東京大空襲において、わずか二時間半で約一〇万人が殺されたときの炎をイメージし、上に向かうにつれ外壁の赤茶色を薄くしています。

同センターのホームページには、以下の目的が書かれています。

〈東京大空襲・戦災資料センターは、民間の学術研究機関である公益財団法人政治経済研究所の付属博物館です。

目的は東京大空襲をはじめとする空襲や戦争による一般民間人の被害の実相を明らかにし、それを伝えていくことにあります。そのことを通して、二度と戦争の惨禍を繰り返すことなく、平和な世界を築くことに貢献したいと願っています〉

建物正面の右には、衣服を焼かれた母親が幼児を抱きかかえた母子像「戦火の下で」があり、左には東京の中高校生たちが募金を集め完成させた、ひびの入った大きな卵の前でヒマワリに両手で水を注ぐ少女姿の、「世界の子どもの平和像（東京）」が立っています。

東京大空襲・戦災資料センター

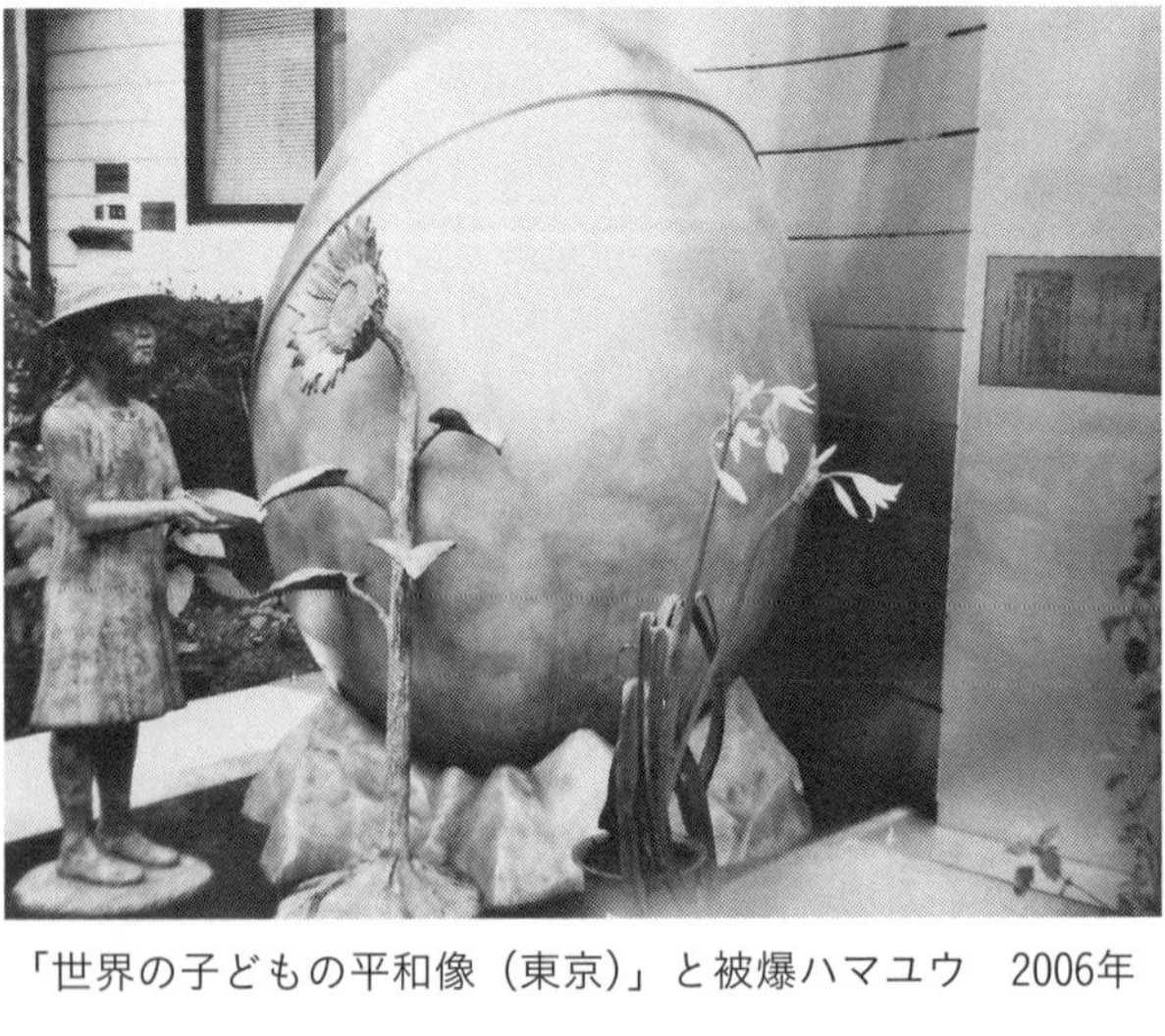

「世界の子どもの平和像（東京）」と被爆ハマユウ　2006年

館内には貴重な資料が

本館一階の建物に入って左は政治経済研究所とセンターの事務室で、右はセンターの受付と開架書庫や談話スペースになっています。

本館一階を抜けると別館の映像講話室があり、スクリーンで一般来館者のためにガイダンス映像を見ることができます。また空襲による焼失地域を示した被災地図や、空襲の絵画と焼け跡の写真などの他に、焼夷弾がかすめたピアノもあれば、東京の空襲だけでなく日本各地や世界の空襲も紹介しています。

本館二階の常設展示室は、東京の空襲をメインテーマとし、戦時下の日常・空襲の実相・空襲後のあゆみ・証言映像の部屋の四コーナーで構成しています。

一九七〇年に結成した「東京空襲を記録する会」は、『東京大空襲・戦災誌』全五巻を一九七三年に刊行し、東京都に空襲記念館の建設を要望してきました。一九九二年に東京都は、平和記念館（仮称）の建設を決定しましたが、その後に財政難を理由に計画を凍結しました。そこで、政治経済研究所と「東京空襲を記録する会」が募金を呼びかけ、四〇〇〇人以上から一億円をこえる募金が集まり、二〇〇二年に民間の力で開館しました。

初代館長早乙女勝元さんの願い

ここの初代館長は、下町の児童文学作家として著名な早乙女勝元さん（八七歳）で、二〇一九年に館長は後継者にゆずり今は名誉館長です。岩波新書から一九七一年に出した『東京大空襲—昭和二〇年三月一〇日の記録』は、ミリオンセラーとなり平和を愛する人々に読み継がれています。

二〇〇六年のある日に私は、被爆ハマユウを持ってセンターを訪ねて寄贈し、早乙女さんから話を聞かせてもらいました。

「東京大空襲を体験したのは、私が一二歳のときです。一生忘れることのできないあの晩のいくつもの場面を、子どもの一途な目で見ることができました。まるで一眼レフカメラで撮った写真のように、今も克明に記憶しています。広島や長崎の被爆に匹敵するほどの大惨事であったにもかかわらず、ほとんど記録がありませんでした。そこで一九七〇年に『東京空襲を記録する会』を立ち上げ、たくさんの方たちの協力で資料集めをしてきました。出来事は六〇年過ぎると歴史になると言われています。歴史としての評価に耐えることのできる資料の発掘や整理が必要です」

早乙女さんの貴重な戦争体験は、たとえば一九七六年発行の岩波ジュニア新書『東京が燃えた日―戦争と中学生』で以下のように描いています。

「だれか、歩道のきわに火の塊となって、両手両足を振りながらコマのようにまわっています。断末魔の人は、火をふりきろうと必死にもがいて暴れる。めらめらシュウシュウというすさまじい響きは、焼夷弾の飛沫を全面にあびて燃焼するそれだ」

このときの原体験が、平和を求めるためにたくさんの素晴らしい本を書き、かつセンターを造る原動力となりました。

早乙女さんは、センターの今日的な意味を、静かではありますがハッキリと強調しました。

「ここに展示してある東京大空襲のいくつもの資料は、想像力を豊かにすれば現代の戦争へとつなげることができます。過去は、現在や未来のために必要であり、例えて言えば安全に車を前進させるため、後方を確認するバックミラーの役割を果たしているのですよ。そのため文字になった体験談だけでなく、絵や写真やいろいろな遺品なども、貴重な記録として価値があります。

ところでこうしたものが、各個人の体験としてバラバラに存在している限りは、点でしかありません。点と点を結んで線とし、さらには線と線をつなげて面とし、非人間的な戦争のメカニズムの全体像を浮き彫りにすることが大切ですね」
重要な視点です。戦争の資料をただ陳列し、可愛そうという感情のレベルだけに留めるのでなく、社会構造として戦争の本質に迫らなければ、同じ過ちを繰り返す危険性があります。

早乙女さんの著者で、二〇〇四年に日本生協連医療部会発行の虹のブックレットNo.64『心に平和のとりでを―私の初心、そして明日へ―』にも、平和への強い願いが込められています。

最後に早乙女さんから、平和への熱いメッセージを語ってもらいました。
「平和は暮らしの基礎ですし、命の土台は平和です。地域の日々の暮らしの中で、平和につながる憲法や教育基本法の考えを活かすことが大切です。日本全体や地域の動きへの目配りをする社会的な感覚と、きっかけは外からの誘いであっても主体的な力量をつけていくことですね。

大切なことを学び知って、自分の生き方として何をするのかです。最初の一人の動きがなければ、何事もゼロのままで進展はありえません。一人ひとりが、たとえ小さくても平和だけでなく、多くの課題の一歩を踏み出すことが、これまでになく求められているのではないでしょうか」

暮らしを守る平和のため、一人の一歩を踏み出すことがまず何よりも大切だと早乙女さんは強調していました。

東京大空襲・戦災資料センターからの大切な平和のメッセージは、決して過去のものではなく今日や明日のために貴重です。

東京大空襲・戦災資料センター
〒136−0073　東京都江東区北砂1−5−4
HP：https://tokyo-sensai.net

⑥広島の原爆の火を灯しつづける福岡県星野村

星野村

福岡県の南東で大分県との県境の山間に、自然豊かな星野村があり、私たちはこの地を二回訪ねました。一回目は一九九〇年に原爆の火をゆずってもらうため、村役場から許可

星野村の「平和の塔」（手前は水盤）：撮影山本拓道さん

をもらい持参したカイロに火を灯しました。

原爆の火は現在、村の「星のふるさと公園」に、高さ五メートルの「平和の塔」の最上部で燃えています。石を基調としたシンプルな三角形の「平和の塔」は、人を自然に祈りへ誘う力を秘め、戦争反対の意味を深める願いを込め、何次元にでも広がるデザインとなっています。また塔の前には、命の象徴でもある水をたたえる水盤も設置されています。

二回目は、原爆の火を広島から星野村まで運んだ山本達雄さんが、二〇〇四年に八八歳で亡くなった後で、墓前に植えてほしいと被爆ハマユウを持参させてもらいまし

星野村の山本拓道さん宅に咲く被爆ハマユウ：撮影山本拓道さん

た。夜になって村の小川で、源氏ボタルが何匹も静かに舞っていました。まるで山本さんが、喜んでくれているかのように感じてしばらく眺めたものです。

持参した被爆ハマユウを受けてくれた山本さんの次男拓道さん（六九歳）は、陶芸家で原爆の火を窯の火種に錠光窯《じょうこうがま》を焚いています。

今も被爆ハマユウは、達雄さんの墓前だけでなく、株分けして窯の前の庭で、広島の真紅の被爆カンナと一緒に育っています。

原爆の火を運んだ山本達雄さん

一九一五年に星野村で生まれた山本達雄さ

んは、三度目の召集令状を受け、広島市から一三〇キロメートル東にある豊田郡の陸軍野営部隊に所属していました。八月六日は、広島市宇品の本隊に向かう汽車に乗っていました。

もうすぐ広島駅という時に白い閃光の後で、大きな爆風と爆発音が車中を襲い、車内は大混乱になりました。原爆が投下された瞬間です。山本さんは、市内の革屋町で金正堂書店を営む叔父の安否が気掛かりでした。

市内で見たのは、黒焦げの死体が転がる横を、全身が焼けただれて性別も分からなくなった人たちが、泣き叫びながらよろよろと歩く姿でした。翌日から山本さんは、広島市街地へトラックで通い死体を集めて焼く作業をしていました。

やがて戦争は終わり、一月後に復員命令が出た山本さんは、父親代わりに自分を育ててくれた叔父がまだ気がかりで、書店の焼跡をまた訪ねたのです。何日も捜しましたが遺体も遺品も何もなく、せめて遺骨代わりと、地下室に降りて灰の中に小さな熾火《おきび》を見付けました。出征するときに祖母が、持たせてくれたカイロを奉公袋から取り出し、火をそれに移したのです。

その後、カイロの火を継ぎ足しながら星野村に帰った山本さんは、仏壇や竈《かまど》で二三年間も火を燃やし続けました。叔父の仇《かたき》を討つためにこの火を使い、いつの日か憎いアメリカの都市を焼き払うとずっと考えていました。

しかし、いつまでも復讐心だけでいいのかと悩むときもあり、山本さんに心休まる日々は決してなかったのです。

供養と平和の火へ

広島で生き地獄を見てきた山本さんは、簡単に気持ちを切り替えることができず、もんもんとした気持ちはつづきました。村の消防隊支部長をしていた頃に、思い悩んだ山本さんの妻は、ハワイ上空まで原爆の火を運んで海に落として消したらと助言しましたが、叔父を含め悲惨な殺され方をした人々の悔しい気持ちを考えると、とても恨みの火を消すことはできず山本さんの悩みは亡くなるまで続きました。

たまたま名産である八乙女茶の取材で山本さんを訪ねた新聞記者に、ふと原爆の火の話をしたことから公になりました。原爆被爆者と戦没者の供養の火と、世界が平和に向かう道標《みちしるべ》の火として星野村が管理して永遠に灯し続けるため、一九六八年に山本さんの家から村役場前に立てた旧「平和の塔」へ移しました。

それから村では、毎年八月六日午前八時一五分にサイレンが鳴り響き、村民は黙祷《もくとう》を捧げ平和祈念式典に参加します。一九八八年には、ニューヨークの国連本部で開催した国連軍縮特別総会に向け、平和の火リレーにも使われました。

さらに被爆五〇年の一九九五年に星野村は平和の広場を整備し、福岡県被爆者団体協議会による「原爆死没者慰霊の碑」と合体した、新しいモニュメント「平和の塔」が完成しました。

ずっと農業を営んできた山本さんの晩年の言葉です。

「原爆の火を通して、少しでも平和について考えてもらえれば嬉しい。今や原爆さえ、まるでおもちゃのように扱われる恐ろしい時代です。人間同士が殺し合うような愚かなことは、もうそろそろやめてほしい。人間はみんな同じ。肌の色の違いや、国の違いなんて関係ないでしょう」

山本さんの言葉には、今も私たちが噛みしめるための深いものが含まれています。

錠光窯
〒834-0201　福岡県八女市星野村7275-1

⑦沖縄県伊江島の反戦平和資料館「ヌチドゥタカラの家」

伊江島へ

二〇一八年末に知人の車で那覇から辺野古経由で本部港へと走り、午前一一時のフェリーで三〇分かけ伊江島に渡りました。小雨が吹きつける船窓から、沖縄本島と伊江島の間の先に東シナ海が見えます。第二次世界大戦の末期に、鹿児島の基地から飛び立った特攻機の多くが、連合軍の群がる軍艦に向け散華《さんげ》した場所でもあります。

伊江港は改修され新しい建物が出迎えてくれました。一九四八年八月に、この港からアメリカ軍の船で運び出していた大量の砲弾が爆発し、泳いでいた子どもを含め死者一〇二人もの大惨事がおきました。

先の大戦時に伊江島は激戦地となり、日本兵三〇〇〇人の内二五〇〇人と、島の民間人三〇〇〇人の半分が殺され、その壮絶さを想像できます。島中の家屋や樹木は焼き尽くされ、戦後はゼロからの出発でした。ところが一九五三年から、今度はアメリカ軍の基地造りがはじまり、島の土地の六割を暴力的に奪われ、人々は生きることができなくなり、島ぐるみの基地反対の闘いに立ち上がります。その先頭に阿波根昌鴻《あはごんしょうこう》さん（一九〇一年〜

「わびあいの里」の反戦平和資料館「ヌチドゥタカラの家」

二〇〇二年）がいて、長年傍で支えてきたのが謝花《じゃはな》悦子さん（八四歳）で、二人は旧伊江島生協の元理事長と元店長でもありました。

わびあいの里

港から車ですぐの「わびあいの里」を訪ね、車椅子に座る元気な謝花さんと一〇年ぶりに再会しました。京都の一燈園《いっとうえん》に阿波根さんが学び、家庭も社会も国も平和で豊かに暮らすには、わびあいの心によってしか実現しないとの願いで名付け、一九八四年に完成した民間施設です。障がい者やお年寄りや子どもたちが、生きがいを求めて互いに助け合い、心や体を育むやすらぎの場の「やすらぎの家」と、平和のため戦争の原因を学ぶ目的で、人命を粗末にした戦争の遺品やアメリカ軍の砲弾や原爆模擬爆弾もあれば、戦後の生活用品や基地反対闘争の記録を展示した「ヌチドゥタカラの家」があります。なおヌチドゥタカラとは、命は宝という沖縄の方言です。

敵に場所を知れてしまうからと、母親の腕の中で泣く少年を日本兵が刺し殺したとき、亡骸から阿波根さんがていねいにはがした血痕付きの子ども服を今も展示しています。じっと見ていると、殺された子どもとその母親の悲鳴が聞こえてくるようでした。

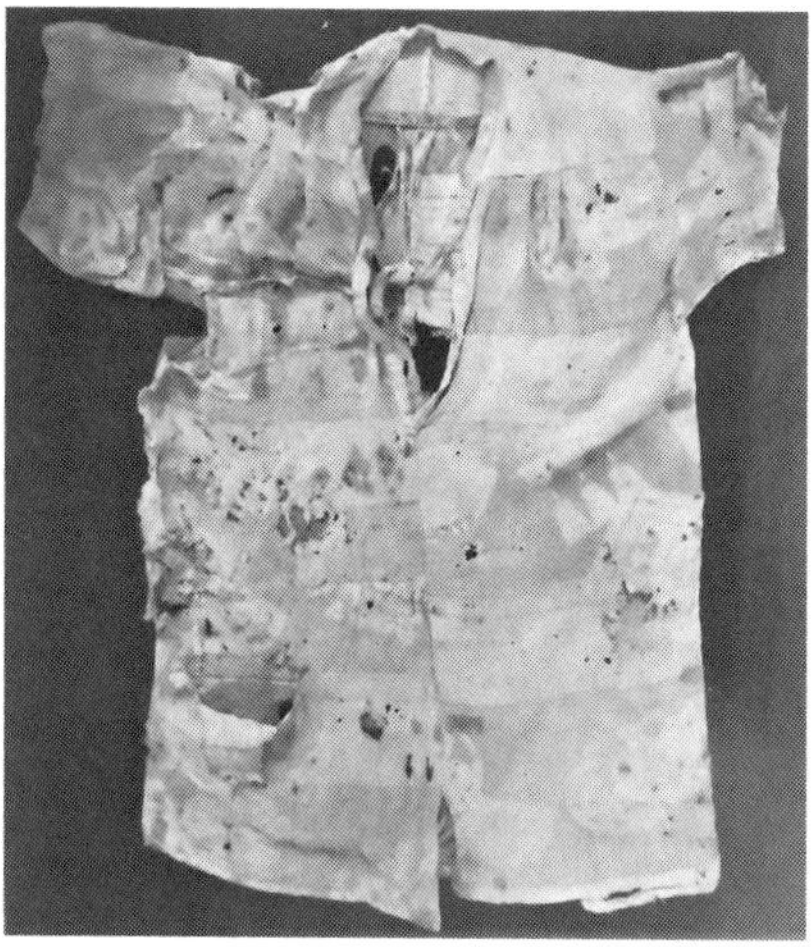

日本兵に刺し殺された少年の服

二〇年ほど前に阿波根さんに魅了された私は、島に東京から何回も足を運びました。単行本にしたいと取材を重ねましたが、力不足で残念ながら本は完成しませんでした。あるとき持参して寄贈した被爆ハマユウが、庭の一角に根付いて白い花を毎年春過ぎに咲かせると謝花さんは喜んでいました。

阿波根昌鴻さんの「五本の指」の教え

阿波根さんの想い出はいくつもあります。その一つが、よく語っていた以下の指の話です。晩年の阿波根さんは、両方のまぶたの皮ふが垂れて前が見えなくなっていましたが、正面向いて手を高く上げ、ゆっくりと噛み砕くように話していたものです。

「私は、この五本の指から、学ぶことにしておりますね。親指、中指、小指。形も皆違うのに、協同一致で団結。五本の指が、親指が偉い、いや中指が偉いと分裂しますと、ペンも取れませんね。だが一致協力すると、ペンも取れる、手紙も書ける、ご飯も食べることができます。ですから、私たちは、心を一つにして、家庭から平和をつくって、仲良くしていくことです。国と国との、大きな戦争も悪い。友達同士のけんか、いじめ。これは小さい戦争で、これも悪いこと。これらも、止めるようにしましょう。私たちの平和づくりは、仲良くすることですね。

自分が幸せになるのと同時に、他人も他国も、みんな豊かに幸せにしていく。そのためには、日本の平和憲法を、世界の平和憲法にしていきましょう。その義務、使命を誇りとし、希望を持って、お互い長生きをして、がんばっていく。これが我々の、生きがいですと、信じているわけであります」

日本のガンジーとも呼ばれた阿波根さんの大切な教えの一つです。

一番の宝は命

土地収用法に基づき裁決する行政委員会の沖縄県収用委員に対し、謝花さんは一九九七年に以下の話をしました。

「戦争は、すべての不幸の根源です。戦争の残酷さ、無駄、愚かさ、体験した日本が、終わった戦争よりも軍備を強化していくことに驚いております。

私は四歳で発病し転々と入退院しましたが、戦争中は病院に医者はおらず、インターン生が誤った治療をし、それから熱と激痛に連日苦しみました。戦後になって私は、本島の病院へ行ったときにお医者さんから、この病気は発病当時なら飲み薬だけで治せたのに、一体どうしたのかといわれました。それを聞いたとき私は全身に怒りがこみ上げ、今後は戦争をなくす人生を歩むと堅く決心しました。あの時のことは一生忘れません。

戦争した国は反省するどころか、再軍備の強化を押し進め、米軍基地がある故に事件や事故が相次ぎ、戦場さながらの演習が今日も続いています。こんな恐怖の生活から、一日も早く解放されたい。

世の中で一番の宝は命、一番ありがたいのは健康、一番大切なものは平和で、この3つは土からでき、これらが備わると本当の幸せが得られます」

謝花さんの強調したい一つが、伊江島では今もアメリカ軍基地を増強していることです。日米特別行動委員会（ＳＡＣＯ）の合意後、一九九八年に伊江島補助飛行場へパラシュート降下訓練が移り、二〇一二年にオスプレイが沖縄へ配備になると訓練は増強しました。二〇一六年にはオスプレイと最新鋭ステルス戦闘機Ｆ35の離着陸訓練用に、強襲《きょうしゅう》揚陸艦《ようりくかん》の甲板を模した工事が始まり、穴を掘ると三三〇〇発もの不発弾が出て作業は大幅に遅れました。二〇一八年一一月に完成して翌月から演習が続き、飛行場近くではオスプレイや攻撃機ハリアーの爆音で牛の死産が相次いでいます。

辺野古の新基地反対運動は連日続いていますが、伊江島の軍用地料は新聞報道で年間約一五億円もあり、基地容認派が大半になって伊江島は静かです。

謝花さんは言います。

「阿波根の一生は、道理にあう生き方と闘いをする自信がありました。伊江島の闘いが酷《ひど》く、自殺か発狂しかない時代もありました。その時に阿波根の言われたのは、理解は力なりで、人間は理解すれば信頼し、信頼すれば尊敬し、尊敬すれば力になるのです」

日本はすでに戦後は終わり新たな戦前であると断言する人もいて、一人ひとりの生き方がますます問われている今、阿波根さんの教えや謝花さんの言葉は重いものがあります。

一般財団法人　わびあいの里
〒905－0502　沖縄県国頭郡伊江村字東江前2300－4
HP：http://wabiai.holy.jp

⑧沖縄県名護市辺野古《へのこ》

辺野古は今

二〇一八年一二月に土砂の投入が開始となり、新局面となった辺野古新基地問題は、地元の新聞やテレビなどではよく報道しているし、全国向けのマスコミでもときどき取り上げ、国民的な関心事となっています。日本生協連が毎年企画し、全国の生協から参加する沖縄戦跡・基地めぐりでも、大人のグループが辺野古を毎回訪ねています。

「健康をつくる。平和をつくる。いのち輝く社会をつくる」を理念にする医療生協のいくつかは、全日本民主医療機関連合会の呼びかけに応じ、ゲート前のテント村へ看護班として医師や看護師を定期的に派遣しているし、沖縄医療生協はテントでの暖房用に炭をプレゼントするなどで支援しています。各地の生協労組や生協九条の会による支援活動もあれば、個人の立場で現地や国会議事堂前での抗議に参加している生協人もいます。

さらには新基地反対の各種の署名もあれば、辺野古土砂搬出反対全国連絡協議会やジュゴン保護キャンペーンセンターなどに協力している生協の組合員や職員もいます。「平和とよりよき生活のために」を大切にしている生協にとって、辺野古問題が関心事であることは間違いないし、生協人以外でも辺野古の新基地に反対や疑問視する人は全国各地にいます。

ところで、政府だけでなくマスコミを含め、新基地に賛成か反対かの対立する政治的主張が大半で、文化・地域づくり・住民の生活など、全国各地にも通じる大切な課題まで掘り下げた、総合的な議論は不十分です。政治が住民を翻ろうし、矛盾の焦点の一つとなっている辺野古で、地域社会や人々の在り方が深く問われ、それは全国各地の人々にも共通

満月の下の辺野古海岸

しています。
　こうした辺野古に私は、二〇一九年二月から九月まで、毎月一週間ほど滞在し、多くの住民の方たちから話を聞かせてもらい、複雑な状況をいくつも知ることができました。
　現在や将来の辺野古住民のために、いったいどのような地域にしていけば良いのでしょうか。経済か平和な暮らし優先かなど、いろいろと対立する意見もあり簡単ではありませんが、多くの住民が納得する地域づくりをぜひしてほしいものです。そうした願いを込めて私は、二〇一九年の初夏に辺野古の浜辺と、キャンプ・シュワブのゲート前に被爆ハマユウを植えさせてもらいました。

過去のアメリカ軍基地と異質な新基地づくり

日本国内にあるアメリカ軍専用基地は、国土面積のわずか〇・六％の沖縄県への集中が全体の七〇％と異常に高く、かつ沖縄本島では一八・二％を占め、三三施設のいくつかは市街地にあります。それらは戦後に全国各地で存在したアメリカ軍基地を、沖縄へ集めるため銃剣とブルドーザーで造ったものです。大和人《ヤマトンチュー》の沖縄蔑視にも便乗し、アメリカ軍基地への抵抗が沖縄では、本土ほど起きにくいとアメリカ政府が判断した結果でもありました。

ところで今回の辺野古新基地は、私たち国民の巨額の税金で日本政府が造り、戦争するアメリカ軍に提供するわけですから、日本国民が戦争の加害者になる可能性があります。このため新基地建設の是非については、沖縄県民だけでなく全国民の判断を仰ぐのが本来の政治の在り方ではないでしょうか。

そのことに日本政府はまったく触れず、世界一危険な普天間基地の代替えと強調しますが、滑走路は普天間の二八〇〇メートルに対し辺野古は一八〇〇メートルであり、これでは縮小となって代替えになりません。また埋め立て予定地の海底には、マヨネーズ状態の柔らかい地層があり、たとえ造成しても滑走路が沈下する危険性が専門家から指摘されています。このためもし辺野古の新基地ができても、普天間飛行場が返還されない可能性が十分あります。

アメリカ軍と一口で表現しても、陸軍・海軍・空軍・海兵隊・沿岸警備隊・宇宙軍と縦割りで個別に運営し、沖縄の海兵隊は専用の船を長崎県佐世保市に置いています。このため機動力をより高めるため、一九六〇年代に辺野古へ港を完備し、海兵隊を集中させる案が出ていました。ところがあまりにも費用が高く、アメリカ議会が承認せず実現しませんでした。それを日本政府が日本の税金で造ってアメリカ軍が自由に使用できるのであれば、アメリカ政府にとってこれほど歓迎することはありません。

豊かな自然と文化を破壊

第二次世界大戦の終戦近くに沖縄を占領したアメリカ軍は、辺野古に大浦崎収容所を造成し、名護・今帰仁《なきじん》・伊江島の住民約四万人を強制収容させました。その結果、栄養面や衛生状態が悪く、マラリア病が発生して約四〇〇〇人が死亡し埋葬されています。

こうして辺野古のアメリカ軍基地は、墓地の上に造成しているわけで、先祖崇拝の強い日本国民の感情からは、とても受け入れられるものではありません。

「命の海」とも呼ぶ辺野古の沖や大浦湾の海は、人魚のモデル説もあるジュゴンが餌にしている海草《うみくさ》も多く、多数の魚貝類や海亀などを育む「海のゆりかご」でもあります。またサンゴ群集、干潟、マングローブなども、密接に連携する生態系の一要素であり、新基地建設でどれが欠けても生態系に悪影響を及ぼしかねません。

かつてこの海で三頭確認したジュゴンが、埋め立て工事にともない見えなくなり、その一頭の死骸が二〇一九年に他で上がったし、国内だけでなく世界的にも貴重なサンゴの群れもダメージを受けつつあります。

さらに辺野古には、沖縄県教育庁が認定している遺跡や文化財が存在するし、すぐ沖にある長島の洞窟群には、鍾乳石による国内唯一の固結礫《れき》タワー（仮称）もあります。

こうした貴重な自然や文化遺産も、新基地の造成は破壊することになります。

これからの地域づくり

名護市によれば、二〇一九年の辺野古区の人口は約一八〇〇人であり、ここから沖縄高専の寮生や近くの下宿生約六〇〇人を除くと、一二〇〇人ほどが一般の住民と推測できます。

　高齢の住民から戦前の暮らしを聞くと、三食の内ご飯は一食しかなく後は芋などだったとか、現金収入のため子どもでも素足で山に入り、男は燃料用の枝を切り、女は建築用の小さな竹を束にして出すなど、貧しい集落の様子を教えてくれました。今ではどこでも当たり前の電気や水道やガスも当時はなく、キャンプ・シュワブの建設に併せて、現在のアップルタウンの地域を開発し、その時に基地で使う電気や水道の一部を分けてもらってやっと利用できるようになりました。あわせて基地からの大量のゴミを活かした養豚などの独自事業で、今日の基礎を住民の手で築いてきたのです。アメリカ軍基地を容認したと批判するのは簡単ですが、せめて人並みの暮らしをしたいと願った人々にとっては、やむを得ない選択でもあったのです。

　そして今回の新基地建設があります。二〇一九年二月の「普天間飛行場の代替施設として国が名護市辺野古に計画している米軍基地建設のための埋立てに対する賛否についての県民による投票」（沖縄県民投票）では、反対七二％、賛成一九％、どちらでもない九％でした。新基地推進派の中には、投票率が五二％なので県民全体の反対派の割合は、七二％×〇・五二で三七％となり三人に一人との珍説もありますが、そんな評価はありえま

辺野古の浜の被爆ハマユウ

せん。辺野古の住民においても、ほぼ投票と同じ七割で反対が多いとみるのが普通です。

辺野古問題を複雑にしている要因の一つは、大きなお金の存在です。アメリカ軍基地で使っている土地使用料として、かなりの額が地主である個人と辺野古区に毎年入り、それで潤っている人がいます。また他の仕事に比べて、給与の高いアメリカ軍基地で働いている住民も少なくありません。条件付き容認である辺野古区行政委員会は、一世帯あたり一億五〇〇〇万円と毎年二〇〇万円支給の条件を以前に出しました。政府は拒否しましたが、一部の住民の間では形を変えてでも受けることを期待する声が今もあります。

条件付き容認派には、「本心は新基地反対だけど、どうせ出来て迷惑を受けるのであれば、少しでも有利な条件をもらいたい」と、胸の内を語ってくれた人は何人もいました。

矛盾の中でもどうにかして生きていこうとする、したたかでたくましい人間の姿でもあります。

それにしてもお金はもちろん大切ですが、あくまでも豊かに暮らす道具の一つであり、けっして目的ではありません。地域での暮らしや人間関係は、多様な価値観が基礎にあって成立するものです。お金のため人々の健康や暮らしを犠牲にするのは、福島の原発事故を含め公害に共通する差別構造です。

新基地の在り方も考え住民本位の地域づくりのため、みんなの納得する話し合いが進むように、被爆ハマユウにもぜひ見守ってほしいものです。

⑨福島県南相馬市の障がい者支援団体

南相馬市の震災被害

勇壮な野馬追で有名な南相馬市は、福島県浜通りの北部で太平洋に面し、いわき市と仙台市のほぼ中間にあります。二〇一一年三月一一日には、震度六弱の地震が三分間続いたことや一五メートルもの津波によって、一二四九人の死亡や一二七〇世帯が全壊する大被害がありました。さらには福島第一原発の事故で、直後に国が一方的に警戒区域の二〇キロメートルライン、緊急時避難準備区域の三〇キロメートルライン、三〇キロメートル圏外と三区分したため、境界線をはさんで市民の避難でも大きな混乱があり、また帰還にも影響して復旧・復興の進み具合にも地域差があります。

七万人の市内の人口は一万人以上も減少し、それも出た大半は若い人や子どもたちで、住民の高齢化率が一気に高くなり、障がい者や高齢者など要介護者を支援する人たちが足りなくなりました。そうした影響もあり、「お墓にひなんします」と日記に書いて自殺した九三歳の女性のような、原発事故による震災関連自殺者が出ています。

南相馬市の作成した障がい福祉サービス事業所マップによれば、二〇一八年で市内の事業所は、原町区三五ヵ所、鹿島区一六ヵ所、小高区三ヵ所の計五四ヵ所もあります。それぞれが震災後の厳しい中でいろいろと工夫し、障がい者や地域から求められる役割を発揮しています。そのいくつかの施設へ、二〇一八年に私は被爆ハマユウを届けさせてもらいました。

さぽーとセンターぴあ

特定非営利活動法人「さぽーとセンターぴあ」は、南相馬市において以下の四事業を展開し、障がいの種類や程度に応じて柔軟に対応できる組織として発展しています。

就労支援B型事業「えんどう豆」は、一九九五年に立ち上げた小規模作業所から発展し、定員一四人の地域活動支援センターで、草木染め、はた織り、資源回収、各種販売などを通し、就労に向け作業訓練や創作活動や生産をしています。

二〇〇六年に開所した生活介護事業「デイさぽーとぴ～なっつ」は、定員一八人の生活介護事業で、主に重度の知的障がいと身体障がいの方が対象で、食事、入浴、排せつなど自立した生活を支援し、創作や生産の機会を提供しています。

一九九九年に設立した自立研修所「ビーンズ」は、定員二〇人の就労継続支援B型事業で、シルクスクリーン、さをり織り、資源回収、エコボール、パン製造など生産活動中心に、知識や能力の向上を支援し、また市立中央図書館のカフェ・ビーンズも運営しています。

二〇一二年に立ち上げた相談支援事業「そらまめ」は、地域で生活する障がい者や家族などからの相談に応え、必要な情報の提供や、福祉サービスの利用援助や権利擁護のため

全身で素敵な合唱をする「さぽーとセンターぴあ」の皆さん　2018年

の支援を、ぴ～なっつ内の一角でしています。

震災の後で職員は、三分の二が避難などで退職し、やっと以前の人数まで回復しましたが、大半は福祉と別の業種からの転職で、それも四〇代以上が多くなりました。このため急いでリーダーになった人や、新人も即戦力とならざるを得ない状況が続きました。

そうした厳しい中で震災前の事業を回復させ、さらには新しい事業を立ち上げています。並の努力ではできないことです。

ぴあの施設長である郡信子さん（五九歳）が、これからについて語ってくれました。

「福祉の現場は、仕事量が多い反面で給料が低く、職員の定着が困難な職種のイメージがあります。このままでは経営的にも厳しくなるので、日々目の前のことに精一杯の職員のため、行政にもっと効果的に現状を伝える必要があります。やる気のある若いリーダーが、将来に希望を持ち、新しい職員が孤立せず障がい者と歩み続けられるように、地域一丸となり課題の解決に向かう必要性を感じています」

特定非営利活動法人　さぽーとセンターぴあ
〒975－0034　福島県南相馬市原町区上渋佐字原田94－4
就労支援B型事業えんどう豆
HP：http://endoumame-fukushima.com

あさがお

二〇〇四年に特定非営利活動法人を所得した「あさがお」は、社会復帰や社会参加に関する事業をしながら、人間らしく生きることを目的とし、南相馬市鹿島区で以下の事業をしています。

就労継続支援B型「きぼうのあさがお」は、定員三〇人で自分に合う仕事や、生き甲斐とやりがいのある仕事を通し、自立して充実した生活を応援しています。基板組み立て、味噌、おこわ、青ばた豆を使った豆腐や豆乳の製造・販売、資源回収、メール便の配達などをしています

共同生活介護・援助事業所「いやしの家」は、二〇〇三年から建て始めて今は七軒もあり、障害者自立支援法が定めた共同生活介護（ケアホーム）と、共同生活援助（グループホーム）の事業所です。

多機能事業所「ともに」は、二〇一五年に開所した定員一〇人の施設で、個々の活動や生活リズムを大切にし、自分らしく安心した生活を応援しています。同時に相談支援事業所「ともに」、あさがお居宅介護支援事業所、安心・あさがお指定居宅介護事業所の3事業も開始し、それぞれ資格のある職員が対応しています。

活動支援センターの「いっぽいっぽあさがお」は、二〇〇二年に誕生した地域活動支援センターⅢ型で、いつ来ていつ帰ってもよく、各自の目標に合わせて利用できる居場所で、プログラムのないことが特徴です。

あさがお

これらの先頭にいる理事長の西みよ子さん（六八歳）は、自らも腰に軽い障がいを持っていますが、いつも明るく元気に動きまわっています。

忙しい西さんに「あさがお」のこだわりを聞きました。

「障がいがあっても働くことのできる人はきちんと働いて、少しでも高い工賃をもらって自分なりの暮らしを楽しむことです。

障がい者はいずれ親が先に亡くなることが多く、条件のある人はどこかで自立することが大切で、そのためにも仕事と同時に住まいも重要です。そこで私は、安く利用できるグループホームをいくつも造ってきました。障がい者が安心して暮らすことのできる部屋は、震災の後でより要望が高まっていますね」

苦労しても西さんが、七軒もの「いやしの家」を建ててきた理由がよく分かりました。「あさがお」の文字を一字ずつ使い、「あかるく、さわやかに、がんばる、おれたち」と書いた紙を壁に貼り、作業所の中も明るい雰囲気がありました。

特定非営利活動法人　あさがお
〒979-2335　福島県南相馬市鹿島区鹿島字上沼田120
HP：http://www8.plala.or.jp/asagao/index.html

ほっと悠《ゆう》

相馬野馬追をおこなう原町の広い祭場地の前に、特定非営利活動法人「ほっと悠」の本部事務所があります。二〇〇四年に小規模作業所として開所し、二〇〇五年にNPO法人となり、震災前に病院へ「Baiten & Cafe ほっと悠」や、「ゆうの風&食彩庵」を銘醸館に、さらには小高区で「ほっと悠あゆみ」をスタートさせました。

経営理念は、第一に障がい者の人作りとして、就労支援を通し自らが学びの心を持って働き、心豊かに社会生活するようにし、第二に心の輝きで、障がいがあっても学びつつ人間の中身を磨くならば、その輝きが障がいの三文字を薄めるとしています。

「ほっと悠」の名称には、どんな人もほっとできる場になるように、皆で手間と時間をかけてつくっていく願いを込めています。

　こうした考えで、現在は以下の事業所を運営しています。

「ほっと悠」本部は最初の施設で、同時に就労支援センター「ほっと悠Ｍｓ《エムズ》」の出張所とし、メール便配達やＬＥＤリード線伸ばしや資源回収もしています。

　就労支援センター「ほっと悠Ｍｓ」は、定員四〇人の就労継続支援Ｂ型事業所で、球根のシール貼り、カンバッチ作成など各種の内職の他に、日替わりの弁当を作って配達しています。

　Cafe「いっぷくや」は、二〇一三年に小高区役所内でオープンし、ドリンクや昼食用の弁当を提供しています。

　Cafe「ほっと悠あゆみ」は、休業していた授産施設「ほっと悠あゆみ」を、二〇一七年に改装して小高区で再開しました。住民の憩いの場を目指し、ドリンクやケーキを提供し

地元のイベントで頑張る「ほっと悠」の皆さん　2018年

ています。

相談支援センター「ほっと悠」は、障がい福祉の相談を専門スタッフがしています。

全体に責任を持つ理事長の村田純子さん（六六歳）に、運営のこだわりを聞きました。

「ほっと悠の原点は、『人さまの喜ぶ事&お役に立つ事をやろう！　お金は後からついてくる』です。原発事故が起こって避難生活が続き、正直いって私もくじけそうな連続でしたが、大切なことは希望を持ち、夢に向かって挑戦し続けることだと思いました。心優しいがゆえ精神に障がいを持つ方や、身体や知的な障がいを持つ仲間たちの集う場所がほっと悠です。元気で頑張っている障がい者もたくさんいて、その人たちからも学び、何もない所から何かを生み出す楽しさも発信していきたいものです」
たいへん意味深いことを、村田さんは明るくサラッと言い切るから驚きます。

特定非営利活動法人　ほっと悠
〒975－0062　福島県南相馬市原町区本陣前1－67
HP：http://hotyou.life.coocan.jp

はらまちひばり

原町区にある特定非営利法人「はらまちひばり」は、尊厳尊重、就業機会の提供、自立支援、良質なサービス提供を理念としています。基本方針は、利用者一人ひとりの思いを大切にし、働く喜びを伝えるとともに、地域社会においても安心した楽しい生活ができ、希望あふれる人生が送ることのできる支援をするとしています。

一九六八年に精神薄弱児者育成会と肢体不自由児者親の会が、「原町心身障がい児者親の会」として発足し、一九七七年に通所授産所を会員宅で開所しました。親の関わりは形を変えて今も続き、「原町親の会」となって「全国手をつなぐ親の会」と連携し地域の福

「はらまちひばり」に咲いた被爆ハマユウ

祉を支えています。

知的障がい者の多い「ひばり作業所」と、精神障がい中心の「ポニーハウス」と、身体障がい者の多い「身友会」が、福祉サービスの向上と経営安定のため二〇一一年に合併し、障がい者と難病者も対象にした就労継続支援B型で、定員四〇名の「ひばりワークセンター」になりました。

現在は自主作業として資源回収、彼岸花の製造と販売、墓掃除の墓守代行サービスがあり、受注作業ではゴム製品のバリ取り、リード線伸ばし、パッキン袋詰め、カンバッジ作り、ハーネスの加工があります。

こうした全体の管理をしている所長の中川正勝さん（七四歳）から、「はらまちひばり」のこだわりを聞かせてもらいました。

「障がい者といっても、一人ひとりの働きに対する意欲は違うし、同じ人でもその日の体調によって、たくさん働きたいときもあれば、逆に気分が乗らずに働きたくないときもありますよ。少しでも工賃を多くもらいたいときは一所懸命に頑張ればいいし、反対に休んでいたい人はゆっくりすればいいでしょうね。そうした後で本人が働きたくなれば、また働けばいいのです。

最近増えている精神に障がいのある人は、以前に無理して体調を壊していることが多いので、納得しないまま作業することは危険を伴うことがありますね」

大切な指摘です。同じ就労継続支援B型であっても、より多く働いて高い工賃をもらう人がいてもいいし、逆に工賃が目的でなくおしゃべりなど他に価値を見出して、のんびり過ごす人がいても構わないわけです。人生の主人公は自分ですから、お金中心の一つの価値観にとらわれないための大切な指摘です。

特定非営利法人　はらまちひばり
〒975-0018　福島県南相馬市原町区北町522番地
HP：http://www.npo-haramachihibari.org/index.html

共に歩み続ける

大きな災害は、避難方法や避難先での生活などが、健康や命に深く関わるので課題がいくつもあります。いろいろな障がいを持っている人にとっては、健常者以上に配慮を必要とすることは多くあります。

それでも第一に問われているのは災害時の対応よりも、障がい者も健常者と同じく日常において、人間としての尊厳ある暮らしや仕事のできる環境づくりだと私は考えます。日本国憲法第二五条で、「すべて国民は、健康で文化的な最低限度の生活を営む権利を有する」との明記があり、大切なのは日頃の暮らしです。基本的人権や最低限の文化的生活は、障がい者も含め誰もが等しく持っている権利です。そもそも健常者といっても、思わぬ事故や病気などによってある日突然障がい者になることもあれば、誰しも年齢を重ねれば身心のどこかに障がいはいつか出てきます。

南相馬における震災後の各作業所の取り組みは、日常の生活について地域で守る大切さを語っています。

地域における福祉で実現する福祉文化は、お互いに誰にでも優しくして、人が対等に尊重される地域づくりをし、金銭とか効率だけに偏らない持続可能な人間社会をめざします。南相馬での各作業所は、被災地の厳しい中で福祉文化を創造していると表現でき、それは福祉作業所の原点でもあり普遍性を持っています。

「この子らを世の光に」と強調し、戦後の障がい者教育に大きな足跡を残した社会福祉の実践家糸賀一雄（一九一四年～一九六八年）は、『福祉の思想』（ＮＨＫ出版、一九六八年）で、「彼らのために何をしてやったかということが問われるのではなく、彼らとともにどういう生きかたをしたかが問われてくる」と語り、障がい者から学び共に歩み続けることで自らも成長すると説きました。

「ほっと悠」で販売しているオリジナルのクリアファイルには、村田さんの書とイラストがあり「それでも生きっぺ」と書いてあります。

ところでナチスの強制収容所に入れられ、何回も死に直面しても希望を失わずに生き抜いた、オーストリアの精神科医で心理学者のヴィクトー

「ほっと悠」のクリアファイル

ル・E・フランクル（一九〇五年～一九九七年）は、戦後すぐに体験を本にし、日本では『夜と霧』（みすず書房、一九五六年）となりました。ドイツ語の原著のタイトルは、trotzdem Ja zum Leben sagen であり、直訳すれば「それでも人生に『はい』と言おう」です。約一一〇万人もがナチスによって虐殺されたという説の有力なアウシュビッツと、東電福島第一原発の被災地において、どんな環境になっても人間として生き抜いていこうと、同じ呼び掛けをしていることに私は感動します。

⑩コープこうべ協同学苑

原爆被災者竹本成徳《しげのり》さんの貴重な体験記

多くの原爆被災者が、貴重な体験記をいくつも残してくれています。できれば思い出したくない辛くて悲しい出来事ですが、再び同じ悲しむ人が出ないためにも、勇気を出して綴《つづ》ってくれています。そうした文書を読むと、どれもが胸に強く迫ってきます。再び原爆投下や戦争をさせてはならないと心から願うし、さらには原爆投下や戦争の原因を考えるきっかけにもなります。

そうした大切な体験記を残した一人が、広島市生まれの竹本成徳《しげのり》さん（一九三一～二〇一〇）です。八人の兄弟姉妹の七番目として生まれ、一九五七年神戸生協に入り、その後に灘神戸生協組合長、コープこうべ理事長、日本生協連会長なども歴任しました。

被爆した話を何回か聞かせてもらったりする中で、被爆ハマユウを平和のシンボルの一つとして私が普及している話すと、ぜひ一株欲しいと竹本さんが言われたので、二〇〇四年初夏に花の咲いた被爆ハマユウを神戸の自宅へと送付させてもらいました。喜んだ竹本さんは、個人で育てるのはもったいないと、コープこうべの学びの場である協同学苑の庭園の一角に植えたのです。

竹本さんの壮絶な被爆体験は、著書『さいごのトマト　ヒロシマを、わたし自身の「こと

協同学苑に咲く被爆ハマユウ：協同学苑提供

ば」で』（日本生協連、二〇一〇年）に詳しく書いてあり、カバーの裏に以下の言葉が記載されています。

「ここに書いた体験は、すべてわたし自身の『ことば』です。そして、わたしの姉へ『戦争というおろかなことを繰り返さない』と約束した『ことば』です。被爆した中学二年生のときから今まで、自分自身に、そしてみなさんに問いかけている『ことば』でもあります」

原爆が広島へ投下となった日の朝に竹本さんは、白の半袖シャツに国防色のズボンとわら草履《ぞうり》で、広島市役所へ弁当持参で集合しました。前の晩にあやまって釘を踏み、左足に白い包帯をまいていたこともあり、学友一五〇人は家屋の倒壊作業へ出かけましたが、先生の指示で竹本さんは級友と二人で弁当の見張り番として残りました。偶然にも市役所の陰にいたことで竹本さんは助かりましたが、作業に出かけた一三六人が殺されました。

助かった竹本さんは、その後がよりたいへんで地獄を見ることになりました。『さいごのトマト』には、「まっ暗になった街」「がれきの下には、まだ生きている人が」「巨大な雲の柱」「見渡す限り、おそろしい地獄の光景」「すみでからだに書く名前」「おまえ、生きとったかぁ！」の各章で、想像を絶する悲惨な場面が展開し、そして「さいごのトマト」の章へと入っていきます。

竹本さんのすぐ上のお姉さんは、爆心の近くにいて全身に大やけどを負い、リヤカーに乗せられてやっとのことで我が家へ帰ってきましたが、助かる見込みはありませんでした。全身に大やけどをした人は、喉が渇き水を欲しがりますが、飲ませるとすぐ死んでしまいます。しばらく悩んだ父親は、娘が大好きな庭のトマトをジュースにして翌日に飲ませたのです。何回読んでも胸が詰まる箇所です。

竹本さんが凄いと私がさらに驚くのは、続く「もっと残酷なことは」の章です。姉が亡くなって嘆き悲しむ自分よりも、子どもを亡くした父親の心境がもっと辛かっただろうとし、それ以上に家族の遺体にあうこともできずに別れた、多くの被災者の無念さにも触れています。

この本の英語版もでき、海外でも読まれています。

阪神淡路大震災も

竹本さんが、被爆ハマユウに込めた祈りは、核兵器の廃絶だけではありません。決して忘れることのできない、「あの日」の二つ目がありました。一九九五年一月一七日に兵庫県南部で発生し、六三四三人もの犠牲者を出した阪神淡路大震災です。

竹本さんの著書『人びとの絆のなかで―半世紀の道のり』（コープ出版、二〇〇三年）、には、以下の文章があります。

「私は忘れられない『あの日』を二つもつ運命になりました。一つは紛れもない人災、一つは天災という大きな違いがありますが、後世にわたって語り継いでいかなければならない出来事という点では共通しています。私に残された大きな宿題として、飽かず、何度もこの体験を自分の言葉で語っていきたいと思っています」

本文では、「第二章　二つのあの日……被爆と阪神淡路大震災」の「二、阪神淡路大震災に遭う」として、小見出しが「甲南店の方向から火の手が」「遺体安置所になった生協の体育館」「買い占めパニックは起こらなかった」「震災がもたらしたもの―ボランティア元年」「震災の対応が信頼につながる」と続いています。

こうした大災害に対して、一人の力では限界がありますが、志を同じくした多くの人たちが協力し合えば、復旧や復興が大きく進みます。そうした輪の拡がりを、竹本さんは強く願っていました。

そのため同著では、「助け合いと協同の精神で、市民、ボランティア、行政とともに豊

倒壊したコープこうべ本部　1995年：コープこうべ提供

かな生き方ができる町づくりを進め、社会とのかかわりをいっそう深める」大切さを強調しています。

なおコープこうべが発行した『コープこうべのあゆみ　阪神・淡路大震災（前篇）』には、以下のように被害を紹介しています。

「メイト、アルバイトも含めて一一人の職員が死亡。家族を亡くした職員、住居を失った職員も少なくありませんでした。またコープこうべの心臓部ともいうべき本部が横倒しになって倒壊し、宿直していた警備員一人が帰らぬ人となりました。

店舗や協同購入センターなどの施設は、一二ヵ所が全壊して半壊や損傷も含め、最終的には五〇〇億円を超す甚大な被害が発生しました。これは当時の出資金三六四億円を大幅に上回り、途方もない損害金額でありました。わずか二〇数秒間の揺れを境に、コープこうべは重大な危機にひんしたのです」

この震災からコープこうべは多くの教訓を学び、それは全国の生協にも伝わり、二〇〇四年の新潟県中越地震や、二〇一五年の東日本大震災などにおける各地の取り組みにいくつも活かされました。

コープこうべ協同学苑
〒673-0592　兵庫県三木市志染町青山7-1-4
HP：https://www.kobe.coop.or.jp/kouza/kyodogakuen/index.php

⑪愛知県の南医療生協

病院らしくない南生協病院

二〇一〇年に愛知県名古屋市へ南医療生協がオープンした、七階建て三一三床の南生協病院は、最新の医療機器を揃えた素晴らしい総合病院であると同時に、他方で病院らしく

南生協病院の被爆ハマユウ　南医療生協提供

ない面をいくつも持っていてユニークです。

広いロビーに入るとゆったりとした空間に明るい色のソファーが並び、まるでどこかの大きなホテルにでも来た気分になります。医療機関特有の消毒液の鼻を刺す臭いはなく、ロビーの一角にあるカフェからのコーヒーの香が漂っていることも一因です。

さらにはソファーに腰を下ろし、カフェコーナーの上を見ると、吹き抜けに面した広い透明の窓ガラスの向こう側には、各種のトレーニングマシンを使って運動している人たちの元気な姿が見えます。

驚くのはロビーだけではありません。ロビーを抜け中庭にまわると、調理施設を備えた多世代交流館があり、エプロン姿の組合員さんたちが集まったりしています。その横には、パン作り教室も備えた本格的な石窯を使ったパン屋があって、多くの女性も来るし、その先には保育園があって子どもたちの元気な姿もあります。こうした様子は病室からもながめることができ、患者に元気を与えることにもなっています。

このように南生協病院は、これまでのような病人や怪我人だけでなく、健康な人も来ることのできる施設でもあります。

ある人は、「夢いっぱいのおもちゃ箱のような病院」と表現していました。まさにいろいろな人の夢が各所につまっています。

何回も訪ねる中で被爆ハマユウの話を私がさせてもらうと、人々が安心して楽しく利用できる新しい病院の完成を記念して、ぜひ庭に植えたいとのことで、完成したとき一株を持参して植えました。

南医療生協とは

愛知県の南部地域を対象の南医療生協は、阪神淡路大震災に匹敵する被害者が出た一九五九年の伊勢湾台風の時からはじまりました。その救援活動に関わった人々が中心となり、小さな診療所から出発した一九六一年創立です。

ところで医療生協とは、地域の人々がそれぞれの健康や医療と暮らしに関わる問題を持ち寄り、組織をつくって医療機関を設立し、協同によって問題解決する自治組織です。

こうした医療生協の一つである南医療生協の基本理念は、「みんなちがってみんないい、ひとりひとりのいのち輝くまちづくり」です。

組合員を信頼し

その一つの事業所であった古い南生協病院が、耐震工事などで建て替えをしなくてはならなくなりました。同じ機能の病院に造り替えるだけではもったいないので、新しい病院を模索することにしたのです。そこで「市民の協同でつくる、健康なまちづくり支援病院」を基本テーマにし、六万人にもなった組合員の総力を結集することにしました。

具体的には一〇〇の各支部においてそれぞれ一〇名で話し合いをし、その内容を代表が持ち寄って議論することです。千人会議と名付けて二〇〇六年からスタートし、毎月第三土曜日の午後二時間半ほどを使いおこなってきました。

毎回のようにオブザーバーも参加し、延べ人数は五〇〇〇名を大きくこえたその会議では、①急性期医療、②母子医療・保健、③健康づくり健診、④介護・福祉、⑤多世代交流、⑥研修・研究、⑦終末期医療、⑧環境・災害、⑨地域連帯、⑩みなみ安心まちづくりの一〇の基本構想（ゾーン）について議論を重ねてきました。

考えの異なる多くの組合員が参加し、生協職員や設計士なども加わり、それぞれが自由な意見交換を旺盛に繰り返しました。中には正反対の意見で衝突することもありましたが、時間をかけ議論を積み上げて一致点を見付け、新しい南生協病院の完成へとつなげていきました。

ベッド数は新旧で同じですが、プライバシーをより大切にするため個室化率を五四％にしたことや、障がい者にも協力してもらい、誰にでもわかりやすい館内の表示もあれば、妊婦の気持ちをより尊重するため、産婦人科だけでなく助産所も併設したことなど、いくつもの改革がおこなわれました。

共通しているのは、一人ひとりの組合員が自立した市民として議論に参加し、それぞれの夢を形にしていったことです。そこでは組合員が動いて新しい仲間を増やし、増資を呼び掛け経営を支えています。

ややもすると生協では、運動は組合員で経営は専従者とすることが少なくありません。

事業所の立ち上げでは、生協の専従役員が立案して理事会や総代会などに提案し、組合員の了解を得てから経営することが一般的です。

南医療生協では、専従者主体で造った事業所の多くが赤字の経営状況であるのに対し、組合員主体で開設した事業所の大半は黒字です。利用する組合員の暮らしや気持ちを良く知っているのは同じ組合員であり、そうした組合員が経営に深く関与すれば、生協の事業と組合員のニーズとのズレが少なくなるのは当然のことでしょう。「組合員が主人公」とか「組合員のために」と口先で言うだけでなく、組合員を心底から信頼した生協の経営にすることが重要です。

多額の投資をした南生協病院の経営は、決して楽ではないでしょう。乗り越えなくてはならない課題はいくつもあります。それでも生協としての原則にどこまでもこだわり、組合員を信頼した経営が地域社会に根付き、南医療生協はさらなるレベルアップをしました。

二〇一五年にJR南大高駅前で、南生協よってってって横丁がオープンしたのです。二〇一〇年に完成した七階建ての病院と駅の間の広い敷地に、八階建てのりっぱなビルが完成したので驚きました。

正面右が南医療生協病院で左が南生協よってって横丁

横丁の各フロアは下記です。

一階：在宅療養支援診療所、デイケア、小規模多機能ホーム、自習室、レストラン、駐輪所、他

二階：メンタルクリニック、歯科クリニック、鍼《しん》灸《きゅう》・マッサージ・アロマ、広場、レストラン、他

三階：グループホーム

四〜八階：サービス付き高齢者住宅

敷地面積二六〇〇平方メートルに延べ床面積八六九一平方メートルもある巨大な建物です。毎月の一〇万人集会を三年近く積み上げ、「南医療生

協の地域包括ケアの先取りが生み出した」が横丁のキャッチコピーです。施設をまわると、作品を掲示するフックとレールを廊下に設置し、無料の子ども向け自習室や地元の杉板の使用など、組合員の声の反映をいくつも観ることができました。歯科は予防に力点を置き、食事や暮らしとの関連からアドバイスするので、きっと利用者も喜ぶことでしょう。

南医療生協の取り組みは、「協同っていいかも?」と組合員や地域へ常に呼びかけ、それに「協同っていいよ!」と実践で応えてきた歴史でもあります。誰かにお願いする要求追求でなく、協同を大切にした要求実現の実践と教訓は、地域社会に貢献する協同組合や生協の一つの確かな道を示しています。

そうした取り組みを、被爆ハマユウはこれからも温かく見守っていくことでしょう。

南医療生活協同組合
〒459-8016　名古屋市緑区南大高二丁目204番地
HP：http://www.minami.or.jp

⑫埼玉県　原爆の図丸木美術館

原爆の図丸木美術館へ

池袋から東武東上線の急行に乗って西へ向かい、約一時間で森林公園駅に着き、駅前のタクシーに乗って一〇分ほどで、モルタル造りの大きな原爆の図丸木美術館に到着します。外にある鳩を描いた石碑には、丸木位里《いり》（一九〇一年〜一九九五年）さんの書で、母親スマさんの言葉「ピカは人が落とさにゃ落ちてこん」を刻んでいます。ピカである原爆は、天災でなく人災であり、落とした人や組織の責任を追及する名言です。

他には三メートルほどの灰色の石に、「痛恨の碑」と大きく彫ってあります。裏にある由来には、一九二三年の関東大震災のとき、東京から埼玉に逃れてきて虐殺された二四〇名もの朝鮮の方たちのため一九八六年に建立とあります。

チケットを購入して館内に入ってすぐの場所は、二階まで吹き抜けで丸木夫妻の画集や絵本や手記もあれば、絵はがきやTシャツなども販売しています。

ここへは二〇〇九年に被爆ハマユウを私は運び、裏側を流れる川との間の庭に植えさせてもらいました。

原爆の図丸木美術館の外景

この美術館は、夫婦で画家であった夫の位里さんと、妻の俊《とし》（一九一二年〜二〇〇〇年）さんの作品を中心に展示しています。中でも国際的に有名な作品は、美術館の名称にも付いている「原爆の図」です。

丸木夫妻は協力し、一九五〇年に「原爆の図」の第一部の幽霊、第二部の火、そして第三部の水を完成させました。すると この三部作は、多くの人の手で日本全国の巡回展へと回り、一九五二年までに北海道から九州までの五一ヵ所で、実に六五万人もが押し寄せて鑑賞しました。

そこで丸木夫妻は、原爆の図の五部作

や十部作を仕上げ、それらを携えて二回目の国内巡回展だけでなく、世界平和文化賞を受けたこともあり世界の巡回展にも出掛けたのです。

こうして国際的な評価も得た「原爆の図」を、いつでも希望者が見ることのできるようにと、一九六七年に原爆の図丸木美術館を夫妻は私費で建てました。

原爆の図

丸木位里さんの実家は、広島市を流れる本川を少しさかのぼった農村にあり、原爆が落ちたときは両親や兄弟が住んでいました。埼玉から駆け付けた位里さんは、広島の近くで罹災《りさい》列車に逢い、「ハダカの人、着物どころか皮膚の皮が一皮むけてたれ下がった人等々、大変なものをみ」、さらには土地のおばさんから、「殺人光線で家も草も木も何もありません。むろん人間は一人残らず死んでしまいました」と聞き、「ぞうと身の毛がよだつ思い」をしたと自著に書いています。

数日たって広島に入った俊さんも、原爆の惨事を見たり聞いたりしています。それだけでなく、残留放射能のために腸出血をし、九月には二人して埼玉に戻りますが、体調を崩した状態がしばらく続きました。

原爆の図丸木美術館の館内

こうした二人の体験が、原爆の実態を絵画にして多くの人々に伝える決意になっていきます。ところで戦争が終わってしばらくの間は、アメリカに対する反発を抑えるためにも、広島と長崎における被爆の悲惨な実態の報道は固く禁じられていました。このため当時の大半の日本人は、原爆被害の実態について何も知らないままでした。そこで丸木夫妻のリアルな被爆の絵は、人々の高い関心を呼び、多くのジャーナリストたちはいくつもの記事を書いて応援したのです。

長崎市での「原爆の図」展は、一九五三年に二四日間開催となり、入場者は一万七八四四人で、徴兵反対署名を九三〇三人も集めています。各種労働組合や宗教連盟などが共催し、後援団体に自由党支部、社会党連合会、共産党委員会、全新聞社（六社）、放送局まで並んでいました。

こうして丸木夫妻の制作した「原爆の図」は、年代順に幽霊・火・水・虹・少年少女・原子野・竹やぶ・救出・焼津・署名・母子像・とうろう流し・米兵捕虜の死・からすのタイトルが付き、それぞれ縦一・八メートルで横は実に七・二メートルもあります。その多くを墨汁で描き、大作の前に立つと絵の迫力に私は圧倒されると同時に、まるで闇の世界にグイグイと引き込まれそうにもなります。

最初の「幽霊」では、衣服だけでなく皮膚や髪の毛まで焼かれた多数の人たちが、呻《うめ》き声すら出す気力もなく、ただよたよたと歩き、ドサッと倒れた人たちは屍《しかばね》の山を造っています。「火」では、チョロチョロと赤く小さな炎が無数に燃えあがり、その中で身をよじった女や子どもたちが大きく口を開けて泣き叫んでいます。

「水」では、川に押し寄せた被爆者たちが、最後の力を振り絞って一口でも水を飲もうと手と唇を出しています。その川面にはおびただしい死体が浮き、中央には亡き幼子を両手で抱きしめた全裸の女性が静かに立っています。

他の絵にもたくさんの被爆した人たちが描かれています。恐怖や激痛のため目をつり上げている人もいれば、放心状態で呆然としている目や、すでにまぶたを閉じたままになっている顔がいくつもあります。必死に空を掴んでいる五本の指や、髪の毛や皮膚を焼かれた丸坊主の頭があれば、さらには頭蓋骨や手や足などの骨が山のようにもなっています。地面に転がっている赤ちゃんもいれば、爆風に飛ばされ逆さになって落ちてくる人々もいます。描いているのは人だけでなく、同じく死ぬ間際のおびえている馬もいれば、牛や子犬もいます。それぞれが目や口や手や足を使って、恐怖や怒りや戸惑いを表していました。

こうした「原爆の図」以外にも、夫妻が協同で制作した大作がいくつか展示されています。日本人の戦争の加害責任を問う「南京大虐殺の図」（四メートル×八メートル、一九七五年）もあれば、ナチスによるユダヤ人の大量虐殺を描いた「アウシュビッツの図」（三・四メートル×一六・一メートル、一九七七年）もあるし、さらに現代の日本につづく公害問題を鋭く指摘した「水俣の図」（二・七メートル×一四・九メートル、一九八〇年）も大きな壁面に掛けてあります。

それぞれの膨大な資料に目を通した丸木夫妻は、可能な限り現地を取材し、歴史の中に埋もれた人々の叫びを絵画の中に浮き彫りにし今へ伝えています。

理不尽な被爆や公害などの中で、もがき叫ぶ生身の人間の姿をこの美術館で胸に刻むことが、平和を守る一歩にきっとつながることでしょう。

財団法人　原爆の図丸木美術館
〒355－0076　埼玉県東松山市下唐子1401
HP：http://www.aya.or.jp/~marukimsn

3 世界の各地へ

被爆ハマユウは、国内だけでなく被爆者がいたり、もしくは紛争や災害のあったりした海外にも、私はいくつか届けさせてもらいました。

ところで国内と異なり被爆ハマユウを海外へ運ぶためには、事前に成田空港内にある植物防疫所で検査してもらい、許可書を受け取らなくてはなりません。国によって基準は異なりますが、土に含まれる線虫が付着していると不許可になるので、掘り出した被爆ハマユウの球根や根をていねいに水洗いします。

こうしてこれまでに寄贈させてもらった主な場所は以下です。

①韓国

日本とは地理的にも歴史的にも関係の深い大韓民国（韓国）は、朝鮮半島の北緯三八度から南に位置し、人口は約五二〇〇万人で、その半数が首都のソウル中心の大都市圏に住んでいます。宗教では、仏教二三％、キリスト教がプロテスタント一八％とカトリック一一％で、残りは東学、道教、儒教などです。

ソウル市にある太陽の集まりを意味する平和奉仕団ヘモウムは、「国や社会の力の光が届かぬところに、明るく暖かい光を」の合言葉で、生活困窮者に米や生活物資の支援をしてきました。特に生活に困っている被爆者へ寄り添い、毎年八月六日の独自の慰霊式典や、韓国原爆平和展示館を開設してその運営などをしています。

二〇〇四年にヘモウムを訪ねた私は、一九四一年生まれの高橋睦男代表理事に、日本から持参した被爆ハマユウを寄贈させてもらいました。

韓国の被爆者

韓国にたくさんの原爆被爆者がいると聞くと、朝鮮半島でも原爆が投下されたのかと疑問に思う人がいます。そうではなくて、広島と長崎で被爆した韓国の方たちが、戦後に帰国し暮らしているのです。

韓国の平和奉仕団へモウム高橋睦男代表理事と
娘の千華さんへ被爆ハマユウを寄贈　ソウル　2004年

その正確な数が残念ながら分かりません。ソウル市で一九六七年に発足した韓国原爆被害者援護協会（今は韓国原爆被害者協会）は、広島・長崎での韓国人被爆者は七万人で、そのうち四万人が被爆で亡くなり、生存した三万人の二万三〇〇〇人が祖国に帰り、七〇〇〇人が日本に残ったとしています。

その後に広島市と長崎市が、共同で編集した『広島・長崎の原爆災害』（岩波書店、一九七九年）では、朝鮮人の把握が極めて困難とし、広島の被災地に四～五万人が住んでいたとすると、二万五〇〇〇人～二万八〇〇〇人が被爆して死者は五〇〇〇人～八〇〇〇人とし、長崎では被災地にいた一万一五〇〇人〜一万二〇〇〇人のうち一五〇〇人から二〇〇〇人が死亡したと推定しています。

県単位で朝鮮の人々についてみると、広島では六万人から八万人のうち、三分の一か五分の二が被爆して、二〇%から二八%が死亡したとし、長崎では六万人のうち五分の一が被爆して一三%から一六%が死亡と推定しています。

当時の記録が不十分で、これ以上は分からないようです。

それでもかなりの人数が、苦労して祖国の土を踏んだことは間違いないでしょう。やっとのことで帰国した人たちは、それで安心して生活ができたわけではありません。懐かしい故郷に戻っても、「祖国を捨てて日本帝国主義に協力し、贅沢な生活をした」とか、「日本で金儲けしてきた」「日本の侵略戦争を手助けした」「原爆で日本が敗け韓国は解放されたから、被爆は問題にならない」といった非難や差別が続きました。被爆者であることが分かると、本人だけでなく家族の仕事や結婚などにも支障が出たりしました。

このため被爆者は、心身共に今でも苦労されている方は多く、韓国政府の支援が不十分なこともあり、韓国で被爆者手帳を持っているのは二三〇〇人ほどにとどまっています。

高橋睦男さんの被爆者支援

高橋さんが、初めて韓国を訪ねたのは一九七三年です。かつての日本が韓国に犯した罪を、日本人の僧侶として少しでも償いたいと、ヘモウムの元の団体である奉仕団太陽会を結成して被爆者支援を中心にボランティアをはじめました。被爆者が多く「韓国のヒロシマ」とも言われる陜川《ハプチョン》では、原爆被害者協会の要請を受けた高橋さんが、慰霊閣を建てこれまでに約一〇〇〇体の位牌を安置し、傍に石造の平和塔も立てています。

また二〇一五年には、民間でありながら韓国で最初の原爆平和展示館をソウルに私費で開設しました。その時に私はここを訪ね、広島市の原爆ドーム前を流れる元安川の、河原で拾った原爆瓦の一片を寄贈させてもらいました。

これまでの被爆者支援のボランティアで、高橋さんの印象に残っていることを聞きました。

「一つは、寝たきりの被爆したおばあさんを、ハプチョンの自宅に訪ねたときのことです。今一番望んでいることを聞くと、達者な日本語で『きれいな月の見える山にさ、早く眠りたいことかな』と恥ずかしそうにつぶやいたのです。望みはお金でなく、家族にこれ以上の迷惑をかけたくないから、早くこの世から消えたいとの気持ちで、私は返す言葉がありませんでした。

二つめは、同じハプチョンにおいて毎年野外で開催し、みんなで歌って踊ったりする野遊会でのことです。車椅子の年配の男性が、『おい、日本人。俺は日本人のせいで足が動かなくなり、青春も人生も滅茶苦茶になった。五〇年間、俺はその悔しさの中で生きてきた。そこに土下座して謝れ！』と叫びました。何も言わずに私はその場に土下座し、地面に頭をつけました。しばらくしてその男性は、大粒の涙を流しながら、『おかげで積りに積もっていた恨みが、今ようやく晴れた。ありがとう、ありがとう』と言うのです。私も思わず泣いてしまったものです」

こうした出会いもあり、二〇〇四年に高橋さんは妻の母国である韓国へ帰化し、奉仕活動をさらに強めています。

ハプチョンを訪ねて

二〇〇八年に私は、高橋さんの案内でハプチョンにある被爆者養護施設の原爆被害者福祉会館を訪ね、館長さんたちと一緒に被爆ハマユウを前庭に植え、入居している被爆者たちと交流させてもらいました。

ハプチョンの原爆被害者福祉会館で被爆ハマユウの寄贈　2008年

高橋さんは、毎年八月六日にソウル市内で支援の集会を独自に開き、原爆で亡くなった韓国人の慰霊を祀り、苦労している被ばく者を慰労しています。二〇一五年の午前から始まった集会には、ソウル市内だけでなく釜山からも含め約二〇〇人が集まりました。舞台に設けた祭壇の横にある平和の鐘を、地元の子どもの男女二人が叩いて開演しました。韓国、日本、台湾の三人の女性が、それぞれの民族服でお茶を捧げ、高橋さんや原爆被害者協会ソウル支部長などの挨拶が続きました。私も檀上に立ち、「被爆ハマユウの祈り」と題して、原爆の熱線・放射線・衝撃波の被害、平和のシンボルとしての被爆ハマユウの経過、福島の原発事故で自殺者の続いている現状に触れ、原爆も原発も原理は同じで甚大な被害になることを話させてもらいました。

後半は、死者の霊を慰める白いチマチョゴリの踊りや、朝鮮民族の哀愁をおびた国民的な「アリラン」も流れました。

ヘモウム一〇年一〇ヵ条の挑戦

二〇一九年に高橋さんは、何かを残さねばならないとして、以下の一〇ヵ条を今後一〇年間の挑戦課題として掲げました。

1、韓国原爆被害者協会　慶南支部　慰霊碑建立（慶南地方）
2、韓国原爆被害者協会　全体の慰霊碑建立（天安　望郷の丘）
3、韓国女性初飛行士　朴敬元《パクギョンウォン》のレリーフ建立（大邱）
4、韓日友好を結ぶ平和搭建立（釜山　龍頭山公園）
5、韓国原爆平和展示館の運営と拡大
6、韓国原爆被害者への援助（追悼会等）
7、核廃絶百万名のキャンペーン

8、反戦平和の主張と出版
9、欠食老人への食糧支援
10、弱者及び老人等施設への援助
八〇歳が近い高橋さんの情熱にはただ驚きます。

ナヌムの家

ナヌムとは分かちあいの意味で、第二次世界大戦のとき日本の兵士により、性的犠牲を強いられたハルモニ（おばあさん）たちが、集まって暮らしています。仏教界など社会の各界で募金運動を始め、一九九二年に京畿道廣州市にこの家を開所し、現在は一八〇〇坪の敷地に生活館一二〇坪、歴史館一〇四坪、教育と修練館六〇坪、事務棟一五坪、集中治療棟六〇坪で計三五九坪の建物があります。

二〇一二年に高橋さんの案内で私はここを訪ね、被爆ハマユウを寄贈させてもらいました。

ナヌムの家の女性たちの多くは、幼い頃から苦労が多くて文字を読むことができません。そこで自己表現のため、一九九〇年代前半から文字でなくボランティアの美術大学生による協力で絵画を描き始めたのです。そうして完成した何枚もの絵をここで見ることができます。

闇の中からやって来る三人の日本兵士の前で、裸になってうずくまり、両手で顔を覆って震えている少女もいれば、亡霊となった十代の少女像もあります。韓国の国花であるムクゲの花に彩られた国から、日本の兵士によって娘が強制的に連行される絵もありました。

二人の娘がいる私は、描かれている場面や叫び声などを想像すると、どれも胸が痛くなりました。

印象的だったのは絵だけではありません。庭の一角には、老婆が地面から全裸の上半身を出し、大きな両手で支えて今にも出てきそうなブロンズ像がありました。作者の意図は分かりませんが、私はふと法華経で説く、地中から無数に出て人々を救済する地湧菩薩《じゆぼさつ》を連想したものです。

ナヌムの家
HP：http://www.nanum.org/jap/sub1/sub.php

慶州《キョンジュ》ナザレ園

ナヌムの家の後で慶尚北道慶州市に移動し、慶州ナザレ園を訪ねてここにも被爆ハマユウを寄贈させてもらいました。ナザレ園の目的や経過などを私はまったく知らずに訪問し、現地で説明を聞いて驚きました。なおナザレとは、キリストがすごした地名です。

第二次世界大戦の前に朝鮮半島へ渡った日本人女性の中には、戦後の大混乱で現地に取り残された人たちがいたのです。解放を迎えた朝鮮で、日本人の妻や妾が重荷となるので捨てられるとか、一九五〇年からの朝鮮戦争もあり、夫や家族と離別した女性たちです。当時の強い反日思想もあり、日本人であることを隠して生活していました。彼女たちは、日本ではすでに死亡扱いとなっていたりして、身元を証明するものがどこにもなく国籍を失った人もいました。

そうした身寄りのない日本人を援助するため、一九七二年に社会福祉法人帰国者寮ナザレ園が認可を受けて開設し、七名が入居しました。このナザレ園の設立は、茨城県那珂市にある社会福祉法人ナザレ園と韓国老人施設協会の協力によるもので、日本への帰国をあきらめた高齢の女性たちの実質的な養老院となっています。

少し交流して私たちが部屋から出ようとしたときです。その場にいた五人ほどの老女たちは、椅子から立ち上がり「かえり船」（清水みのる作詞　倉若晴生作曲、一九四六年）をゆっくり歌い出しました。ギターを水平にして歌う田端義夫さん（一九一九年～二〇一三年）が、戦争のときに外地で苦労した人たちの船に乗って帰国するときの様子を、感情込めて流したヒット曲です。

部屋を出ようとしていた私たちは、その場にしばらく立ちすくみました。飛行機であれば二時間ほどの近距離にある日本に、生きている間に帰ることをすでにあきらめた人たちです。静かに歌っている姿を見ながら胸中を察すると、「お元気で」と頭を下げるのが私には精一杯でした。

なお以上の他に韓国では、原爆被害者協会七支部、昆明小学校、ヤロ小学校などにも被爆ハマユウを届けました。

かつて韓国は、日本の在り方に多大な影響を及ぼした仏教の中継地であり、また江戸時代の朝鮮通信使による文化や学問の伝授など、大切な隣国でした。最近の政府間の不和をなくし、アジアや世界の平和のために貢献する草の根の交流が、被爆ハマユウを一つのきっかけとしてより広がってほしいものです。

②台湾

人口が約二四〇〇万人の中華民国（台湾）は、一九四五年以前より中国大陸から台湾に移り住んでいた本省人《ほんしょうじん》八六％、一九四五年以降に中国大陸から台湾へ移った外省人《がいしょうじん》一二％、原住民二％で構成されています。

戦後の台湾は、教育面で中国、経済面で日本、軍事面と政治面でアメリカの影響を強く受け今日に至っています。

宗教は、道教六六％、仏教一五％、キリスト教五％、その他一四％となっていますが、道教と仏教の融合している信仰もあり、完全に分離しているわけではありません。

二二八事件と二二八和平公園

台湾の北端に位置する台北市にある二二八和平公園は、台湾での戦後史に大きな影響を与えた二二八事件を忘れないために造ったものです。公園内にある二二八和平紀念碑の碑文などによると、事件の概要は以下のようです。

一九四七年二月二七日に、専売局の職員が台北市で密売タバコを取り締まったとき、

二二八和平公園の被爆ハマユウ　2010年

女性の販売人を殴打して通行人を誤って殺害したことから、民衆の激憤を引き起こしました。翌二八日に、台北の群衆はデモ行進をし、犯人の処罰を求めて長官公署を訪れました。ところが射撃にあって数人の死者を出し、抗争の怒りの火は全面的に広がることとなりました。争いを解決するため各地の指導者は、事件処理委員会を組織し調停にあたるとともに、政治改革の要求を提出しました。

　しかし、当時の台湾長官は、調停に応じると見せながら、一方で地方のリーダーたちを反徒とみなし南京に派兵を求めました。国民政府は報告を聞くと直ちに兵を台湾へ派遣し、二一師団が三月八日に上陸して数ヵ月間も殺りくを繰り返して、死者と行方不明者は数万を数えました。

こうして二二八事件とは台湾で活躍していた多数の本省人たちを、外省人が虐殺したことを指します。まだ全貌が解明されておらず、どれだけの人数がどこでどのようにして殺されたのか、正確には分かっていないことがあります。

こうして台湾では戦後が今でも続き、そこで被爆ハマユウは「和平花」として、公園の一角にある二二八記念館の入り口近くへ、二〇〇五年に高橋睦男さんの案内で植えさせてもらいました。

五年後に公園を訪ねた私は、ハマユウの側に台湾語と英語の解説文付きの大きな掲示板や、何と散水器も設置されているのを見て、大切にされていることがよくわかり嬉しくなりました。

新竹市《シンジュー》

台北から新幹線を使い約三〇分南下した海岸近くに、人口四二万人の新竹市がありま す。市民公園に二二八事件の犠牲者を追悼するため、高さ八メートルで横幅七メートルのアーチ型「和平の塔」が、高橋さんの尽力で二〇一四年に完成しました。この式典には、

新竹市の市民公園にできた「和平の塔」2014年

新竹市長の他に台湾の国際ライオンズクラブや社団法人世界平和会、さらには台湾・韓国・日本のボランティアや一般市民など約四〇〇人が集まりました。

挨拶で同市長は、「台湾の歴史に刻まれた二月二八日に、和平の塔が建立されたことは素晴らしい。この地から不幸のない社会をつくっていきたい」と話しました。

私は持参した被爆ハマユウの紹介をし、他の人と協力して「和平の塔」の手前に植えさせてもらいました。

なお台湾には、これらの他に台湾へモウム四支部、台南公園や宜蘭公園にも被爆ハマユウを寄贈しました。

③マーシャル諸島

太平洋に浮かぶ人口約六万二〇〇〇人のマーシャル諸島共和国は、コバルトブルーの美しい二八の珊瑚礁からなり、大小一二〇〇もの島々で構成され、「真珠の首飾り」と称されることもあります。

二〇〇三年に被爆ハマユウを持った私は、マーシャル諸島を訪ねるスタディーツアーに参加しました。日本からの直行便がないため、深夜に着いたグアムの空港ロビーで仮眠し、翌朝に中型飛行機で、グアム→チューク（トラック）→ポナペ→クワジェリンと島伝いに飛び、ようやく首都のマジュロに到着しました。

マーシャル諸島を含む現在のミクロネシアの大半は、一九一四年の第一次世界大戦において日本がドイツから奪って占領し、一九二〇年から第二次世界大戦中まで統治し、南洋群島と呼んでいました。このため南洋群島に約七万人以上の日本人が住み、群島一円を管轄するための地方行政組織であるヤルート支庁地区には、六〇〇人の日本人がいたときもあり、日本人学校が一校と現地の児童の学校が四校あり、日本語による教育をしていました。

今も残る旧日本軍の大砲　2003年

町を歩くと当時の建物などが残っているし、海岸には日本軍の造ったコンクリート製の低い堤も一部ありました。美しい海には、旧日本軍の飛行機の大破した残骸の一部があり、また攻撃を受け沈没した船が煙突を出していたり、茂みの中には大砲などが放置されてあったりします。

アメリカ軍の核実験場に

一九四四年のギルバート・マーシャル諸島の戦いにおいて、日本軍を破ったアメリカ軍がその後占領し、一九四六年から一九五八年までここを核実験場として、六七回もの実験を繰り返し、人や自然環境へ深刻な被害を与えたのです。その影響が今も続いていることを、交流した地元の人たちから私は聞きました。

ブラボー実験をしたビキニから、一八〇キロメートル離れたロンゲラップでは、避難指示のなかった島民が、水爆の激しい衝撃波と、放射能を含んだ白い「死の灰」を受けました。初めてみる雪のような白い粉を、おもしろがって身体にかけて遊んだ子どもたちもいました。妊婦たちを含めた大人も、白い粉が何かまったく分からず、放射能で汚染された水やヤシガニや魚などを、それまでと同じように飲食し内部被爆をしました。

このため島民の多くは、やがて激しい嘔吐《おうと》や脱毛などの急性放射能障害を発症したのです。

島民からの報告を聞く中で私が特に驚いたのは、初めて聞くジェリーフィッシュ・ベイビーでした。直訳すればクラゲの赤ちゃんで、目や手や足などがなくて、まるで動物の腸のようにドロドロの奇形児が出て、「クラゲを産んだ」との噂が流れました。

他にも住民の間では、各種のガンや甲状腺異常などが急増し、若くして死んでいった人も続きました。

こうした健康被害で苦しんでいる島民に対し、アメリカ政府は治療をいっさいしていません。一人ひとりに番号を付け、定期的に医師を派遣して検査や診察をし、データを取り続けるだけです。アメリカ本土に被爆者が行っても同じで、このため被爆の治療してくれる日本の医師を信頼していました。

二〇一〇年にユネスコ（国連教育科学文化機関）は、ビキニ環礁を世界遺産に登録しました。その理由は、「珊瑚礁の海に沈んだ船やブラボー水爆の巨大なクレーターなど、核実験の証拠を保持しています。繰り返された核実験はビキニ環礁の地質、自然、人々の健康に重大な影響を与えており、平和と地上の楽園とは矛盾したイメージをもち核時代の夜明けを象徴しています」としています。

マーシャル諸島で被爆ハマユウを寄贈　2003年

話を聞かせてくれた被爆者団体の年配の女性役員に、「広島での原爆にも負けなかった被爆ハマユウです」と私は手渡しました。

④スリランカ

インドの南東に広がるインド洋上にあって、水滴の形をした島国のスリランカ民主社会主義共和国は、シンハラ語で「光り輝く島」の意味です。自然の豊かさから「インド洋の真珠」と称する人もいれば、悲しく長い歴史から「インド洋の涙」と呼ばれることもあります。かつてイギリスの植民地だった頃の国名はセイロンで、今でも芳醇な紅茶の名称として残っています。人口約二一〇〇万人のスリランカへの旅は、成田から直行便が週四便運航しているので便利です。国民は、シンハラ人（七四％、主に仏教）とタミル人（一八％、主にヒンドゥー教）で大半をしめ、他はスリランカ・ムーア人（主にイスラム教）などで構成されています。

大津波

二〇〇四年一二月二六日に、インドネシアのスマトラ島沖でマグニチュード九・一の地震が起こり、直後に大規模な津波が発生し、インド洋沿岸にあるスリランカを含む一〇ヵ国に、死者と行方不明者が二八万人にもなる大災害をもたらしました。

その内スリランカでは、死者と行方不明者が約三万一〇〇〇人、被災者五〇万人、全壊家屋七万八〇〇〇戸で部分崩壊が四万戸となっています。

ところで私は、スリランカにおける貧困な村の学校支援を一九九〇年代の後半からはじめ、毎年のようにスリランカを訪ね、二〇〇五年は一月中旬に訪問する予定で航空券を手配していました。大震災で飛行機が飛ぶのか心配しましたが、出発する日のフライトは予定通りだったので一人で出かけました。

まだ公共の交通機関は不通で、チャーターした車で首都のコロンボから南下して被災地をまわりました。津波からまだ二週間ほどしかたってなく、被災地はほとんどそのままで、激しい爪痕をいたる所で見ることができました。幹線道路の左右には、ガレキなどが山積みされて道幅が狭くなり、対向車があると通行できない場所がいくつもあったものです。

津波に向かった唯一の動物

こうして大惨事となった津波で、現地では驚く話をいくつか聞きました。その一つは動物の動きです。津波がスリランカの海岸を襲う直前に、なぜか犬や牛などが人家を離れて

津波の襲った集落　2005年

山に向かいました。それは象や猿など野生の動物も同じで、海岸からあらゆる動物が離れていったのです。何よりも大切な命を守るため、生物としての本能が働いたのでしょう。

ところが沿岸地帯にいた人々だけは逆でした。巨大な津波が来る前に、強い引き潮があって広大な砂浜になった場所では、大きな魚が跳ねたりしていました。それらを採るため、新しくできた浜辺に走って行った人が少なくなかったのです。さらには自分の土地にして店を出そうと、砂浜に線を引いた住民も中にはいました。

そうした目先の欲を手にして喜んでい

る人々を、高い津波が一気に襲いました。おいしい魚介類や広い土地はもちろん魅力的ですが、命と引き換えにするほどの価値はありません。

私たち現生人類は、動物分類学上の学名としてホモ・サピエンスと呼んでいます。これはラテン語で、知恵ある人や賢い人の意味ですが、欲望に目がくらんで命を落とすことや、戦争で同じ人間同士が殺しあうなど、他の動物よりもレベルの低い人も残念ながらいます。

ガレキとなった町

町や村の風景はいたる所で一変し、ガレキの山となった場所がいくつもありました。スリランカの民家は赤茶色の素焼きレンガを積み上げたものが多く、海岸近くではレンガが散乱し、家屋の原型のない場所がたくさんありました。高さ一〇メートルほどの津波の威力が、どれだけ強いのかよくわかります。

ところで被災した当時は、ガレキの間にたくさんの死体が転がっていました。あまりにもその数が多く、墓地や棺おけが足りません。熱帯地方の暑さのため、腐敗が進むと伝染病の広がる危険性も高くなります。そのため行政は、空き地に大きな穴を重機で掘って遺体を埋め、早い時期から衛生管理が進みました。

家屋が全壊した人々も多くいます。常夏の国なので平地で寒さを心配することはありませんが、スコールの強い雨が降るので、仮設の小さなテントを各地に設置しました。狭いテントで暮らすことは、けっして楽ではありません。睡眠だけでなく調理や入浴やトイレも不自由だし、マンガやおもちゃなどもありません。物や情報が豊かな日本の子どもたちに比べると、極めて貧しい環境の中で生活しています。

それでも目を輝かせて、笑顔で元気に暮らしている子どもは多くいます。過剰な物や情報がなくても元気に生きることを、スリランカで被災した子どもたちは教えてくれます。

そのことは日本の子どもたちが、大量のおもちゃや衣服、甘くて高カロリーの飲食物、テレビやスマホでの情報などの中で、日々暮らしていることを見直すヒントとなります。過剰な物や情報に振り回される生活を離れ、いきすぎた欲望やストレスから解放されることによって、子どもだけでなく大人も心身が健康になるのではないでしょうか。

被爆ハマユウを小学校へ

翌二〇〇六年に被爆ハマユウを持参してスリランカを私は訪ね、いくつかの小学校に寄

スリランカの小学校で被爆ハマユウの寄贈　2006年

贈させてもらいました。小学校の高学年になると、授業で広島や長崎の原爆投下について教わっており、被爆ハマユウの話を私がすると真剣にいつも聞いてくれたものです。

ところでスリランカにおける社会問題は、大津波被害からの復興だけではありません。二〇〇九年まで二六年間にもわたり、政府軍と反政府武装組織タミル・イーラム解放の虎（ＬＴＴＥ）との間で内戦が続き、七万人以上の犠牲者を出しました。

津波と内戦の後遺症から、スリランカの人たちが一日も早く立ち直る祈りを被爆ハマユウに私は託しました。

⑤ベトナム

面積が三三万平方キロメートルで日本の九〇％のベトナム社会主義共和国は、東南アジアのインドシナ半島東部に細い形で位置し、人口は約九六〇〇万人です。国民は、八六％を占めるキン族（ベト族）の他に、五三もの少数民族が存在し、宗教は仏教徒八〇％、キリスト教九％、他はイスラム教、カオダイ教、ホアハオ教、ヒンドゥー教などです。

この自然と文化の豊かなベトナムは、二〇世紀の大半を不幸な戦禍にみまわれました。前半はフランスからの独立運動で、中頃には攻め込んできた日本軍によって、さらに後半には再びフランスと、そして国を二分してのアメリカとの戦争でした。

第二次世界大戦が六年間で終わったのに対し、ベトナム戦争を含めた第一次と第二次インドシナ戦争は二八年間も続き、それだけ住民や環境の被害は大きくなりました。

特に一九六二年から一九七五年までのベトナム戦争は、ベトナム人の犠牲が民間を含め三〇〇万人以上ともいわれるほど甚大でした。

ベトナムの負の遺産

二〇〇四年の春に格安ツアーを利用し、私はベトナムを初めて旅行しました。日本から直線距離で三六〇〇キロメートルのホーチミン市までは、成田国際空港から約六時間で、時差はマイナス二時間なので体には楽な旅でした。

ツアーに自由時間が多く、ベトナム戦争に関連する施設をいくつもまわりました。ショックだったのは、おびただしい数のホルマリン漬けの奇形児を見たときです。アメリカ軍の散布した猛毒の枯葉剤によって誕生した、数多くの死産した胎児たちです。部屋の入口まで横を歩いていた妻は、青ざめた顔で入室を拒んだものです。

透明なガラス製容器の中には、顔が大きくゆがんだり頭が二つの子もいれば、手足や目のない子など、これまでに見たことのない異様な姿が目の前にいくつもありました。ホルマリンの強い臭いをかぎながら、一人で順番に見ていると、自分でも両足の震えていることが分かりました。少しでも早くこの場を離れたかったのですが、同時に二度と見ることはないから、きちんと見て記憶しなくてはとの気持ちもありました。

その部屋を一周したのは一五分ほどでしたが、その何倍も長く感じたし、出ると私はドッと疲れて近くの椅子に座り込んだものです。

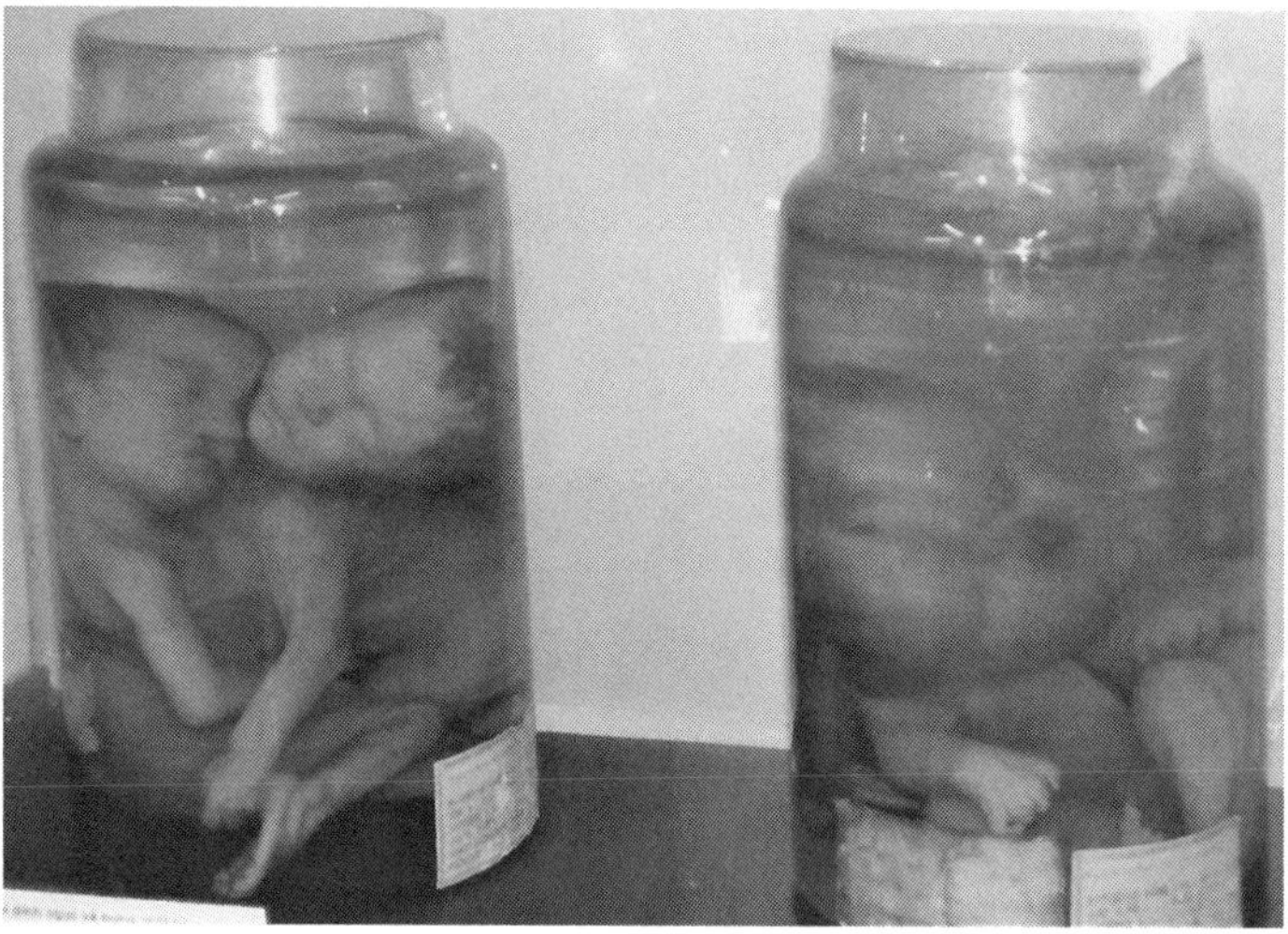

ホルマリン液に入った奇形の胎児たち　2004年

他の施設では拷問室もショックでした。アメリカ軍と一緒になって戦った南ベトナム政府が、政治犯や南ベトナム解放民族戦線の人々を痛めつけた部屋です。いくつかのタイプがあり、その一つが初めて見る蛇檻《へびおり》でした。実際に蛇はいなかったし、蛇の嫌いな私はすぐ隣に移ろうとしましたが、説明文を読んで私はその場に立ちすくみました。蛇には小さな穴へ潜る習性があり、それを無理に引き出そうとすると鱗《うろこ》を立てて暴れ、後ずさりさせることの難しい動物です。手足を縛った人間を檻に閉じ込めると、鼻などへ蛇が入り、眠ることができず酷い苦痛や恐怖を味わうことになります。発狂して廃人になったり自殺したケースもあったようです。ここまで人間が、同じ人間を痛めつけることができるのかと、私はほんとうに信じられませんでした。

ベトナム戦争の枯葉剤と日本

ベトナムでアメリカ軍は、核兵器以外のあらゆる兵器を使い、今に続く後遺症を与えたのは、猛毒のダイオキシンが成分の枯葉剤でした。南ベトナム解放民族戦線や北ベトナム軍の隠れるジャングルやマングローブの消滅と、農産物の不作を目的に、アメリカ軍はランチハンド作戦を組み、七二〇〇万リットルもの枯葉剤を、南ベトナムの一四％をしめる森林や田畑へ散布したのです。日本の関東全域に相当する地域で、枯葉剤を直接浴びたのは四八〇万人もいて、枯葉剤に起因する病気に苦しむのは三〇〇万人以上との報告もあります。枯葉剤は、奇形や皮膚病、盲・ろう、精神病など、多様な障がいや病気を生み、私の見たホルマリン漬けの奇形児の原因もそうでした。

枯葉剤の健康被害の影響は、枯葉剤を浴びた世代の孫世代である第三世代だけでなく、ひ孫世代の第四世代への影響が確認されています。

ベトナム戦争で使った枯葉剤は、日本にも深い関係があります。枯葉剤と言いますが、

2・4―Dと2・4・5―Tの二種類の強力な除草剤を現地で混合し、効力をさらに高めてから散布していました。

この除草剤の一部が、日本国内の化学工場で製造されていたのです。またベトナムで使わなくなってからは、日本の林野庁が一九六〇年代後半に、植林した杉や檜《ひのき》の成長を雑草から守るため、2・4・5―Tを国有林に散布しました。その後、奇形児を産むと問題になったため、一九七一年に使用を禁止し、大量の土と混ぜてセメントで固めて山中への埋蔵を全国の営林署に通達したのです。その総量は、固形状が約二万五〇〇〇キログラムで、液体が約一八三〇リットルもあり、北海道から九州までの五四ヵ所へ埋設しました。セメントは年数がたてば劣化しますが、ダイオキシンの毒性はそのままですから、流出して被害を広げる危険性があります。私の故郷である高知県だけで六ヵ所もあり、山からの清流にダイオキシンが含まれていないのか心配です。

被爆ハマユウをベトナムの協同組合へ

ベトナムから帰国し、被爆ハマユウをベトナムにも届けたいと私は考えていたとき、二〇〇四年の秋にベトナム協同組合連合会（ＶＣＡ）の一行が、日本生協連医療部会を訪ねてくると聞きました。そこで一行に被爆ハマユウの話を伝えてもらうと、たいへん興味を持ち受け取ってベトナムで育ててくれることになり、一株を寄贈させてもらいました。

なおハノイに事務所があるＶＣＡの概要については、二〇一九年の報告書で以下のように紹介しています。

〈ＶＣＡは、中央協同組合・産業協同組合とベトナム供給・マーケティング協同組合の統合により、協同組合と組合員の権利と利益を代表し保護するため一九九三年に設立しました。ベトナムにおける協同組合経済の構築と発展へ、自発的に参加しています。二〇一八年一〇月までに、二万一二一二の協同組合、九万三〇〇〇以上のプレ協同組合、および経済のさまざまな部門で活動する六〇近くの協同組合連合会があります。

農業で一万二七九九協同組合、産業および小規模手工芸品で二一七六協同組合、取引およびサービスで一八二九協同組合、輸送で一三二九協同組合、信用で一一八二協同組合、環境で四六一協同組合、建設で八七四協同組合、その他で五七二協同組合です。

これらに約一三〇〇万人の組合員と、三〇〇〇万人の労働者が関わっています。協力的な同盟は、ベトナム全土の六三の省と都市で確立されています〉（西村訳）

小さな協同組合がたくさん集まり、それぞれの社会的な役割りを発揮しています。

⑥ネパール

北海道の一・八倍の国土に約二九〇〇万人が住むネパール連邦民主共和国は、中国とインドにはさまれ東西に細長い形をしています。北から国土は、世界最高のエベレスト（八八五〇メートル）を含むヒマラヤ山脈、次が中央部丘陵地帯、南部はタライ平原でできています。多民族の多言語国家で、宗教はヒンドゥー教（国民の八一％）、仏教（九％）、イスラム教（四％）、その他と混在しています。

産業は農業が主で、ヒマラヤなどの観光業も盛んです。世界で唯一の長方形でない国旗は、二つの三角形を上下に重ね、国花であるシャクナゲの真紅で国民の勇敢さを、縁取りの青は平和を表わしています。一八九九年に僧侶の河口慧海《えかい》（一八六六年〜一九四五年）が、日本人として初めてネパールから苦労してチベットに入り、古くて貴重な仏教経典を日本に伝えました。

二〇〇八年に王制を廃止したネパールは、二〇一五年の憲法公布により連邦制国家となり、その後で選挙をするなど新しい国造りをすすめています。

そうした中で、二〇一五年にマグネチュード七・八の大地震が発生し、死者数と行方不

ネパールの地震で被災した民家　2016年

明八六〇〇名、負傷者数一万七〇〇〇名、四九万戸の家屋が全壊し二九万戸が半壊する大惨事となりました。農山村などにある古くからの民家は、石やレンガを泥でつないで積み上げた造りも多く、地震の揺れにそれは弱い構造でした。

ネパールの里子支援

二〇〇七年に私は初めてネパールを旅したとき、貧困な家庭の子どもの勉学支援をしている現地の市民団体ヒーネップと出会い、年間一万円の支援金を出し一人の少女の里親にさせてもらいました。これで一年間の勉学に必要な文具、制服、カバン、靴などを賄うことができます。

カトマンズ市近郊のキルティプル市に、家族五人で借りている畑の中に住む最初の里子です。二〇一六年に訪ねると、畑の中に建てた小屋は震災で壊れ、横に新しい小屋を造っていました。土の床の上に手首ほどの太さの竹で骨組みし、壁は割った竹を並べて内側から泥を塗りつけ、屋根の半分は震災直後に寄贈で受けたトタン一六枚を並べていますが、後の半分は薄いビニールシートの上に稲わらを並べただけでした。野ネズミがわらを食べると、そこから雨漏りがして困ると母親が話していました。

父親に建築費を聞くと、竹とわらなどで六万ルピー（約六万円）とのことでした。これでも日雇いの日当が五〇〇ルピー（約五〇〇円）の収入では、五人家族が食べるのに精一杯で、この建築費でも大変な出費です。

カトマンズ市のある仏教寺院には、二〇一八年春にネパールで一〇人となった私の里子の、ある愛らしい少女がいました。若い両親はカースト制の最下層にあたるダリットで、境内に数ヵ所あるトイレ掃除をして少ないチップで親子四人が暮らしていました。ところが二〇一八年の夏に、夫の暴力に耐えきれず母親は近くの木で首をつって自死し、子どもたちは遠くの施設に入り里子支援が残念ながらできなくなりました。切ない話ですが、現実は受け入れるしかありませんでした。

フェクト・ネパール

民主的なカトマンズモデル病院を経営するフェクト・ネパールの事務所で、病院の幹部から私は何回も話を聞いたことがあります。一九九一年のネパールの民主化運動の中で、国内の保健や医療を改善する市民団体としてフェクトは誕生し、「医療を必要とする人に、必要な医療を」の理想を掲げ、医療の恩恵に浴することのない多数の貧困層のために取り組んでいます。活動の基礎を村に置き、住民の健康状態を調査し、その健康をケアする地域健康指導員を配置し、診療所に保健師を常駐させて健康管理をするとともに、地域衛生改善プログラムにより、医療だけでなく公衆衛生の整備にも運動を広げています。

フェクトは生協ではありませんが、日本の医療生協と一九九六年から交流し、日本医療福祉生活協同組合連合会は、二〇一五年に六七医療生協からの多額のカンパをフェクトへ届け、そのお金で現地では新しい機器を購入し活用していました。

ネパールでは、年間一〇〇〇人の医師が誕生しても六割は海外に出て、地方に行くと治安上の問題や経済的な事情があるため、国内の医師や看護師も大半がカトマンズ周辺で仕

事します。このため地方では十分な医療が提供できていません。

そこでフェクトの新しい挑戦として、総合医療機関のない山間部の村落に、総合医と若い医者を配置した小さなクリニックを拠点とし、薬品の配送にドローンを使っての取り組みなども研究していきます。課題は多いようですがこれが成功すれば、日本の山村などでの活用も期待できるのではないでしょうか。

震災直後の三日間で約一〇〇〇人の市民を治療し、その後にカトマンズモデル病院とキルティプル病院で、地域住民の定期的な健康キャンプをおこない、地震の被災者へのケアもしてきました。

被爆ハマユウの話をすると興味を持ってくれたので、二〇一九年秋にこの病院を仲間と訪ねたときフェクトの代表者に寄贈させてもらいました。

キルティプル市長にも被爆ハマユウを

民主化を進めるネパールでは、市民の目線で国や地域づくりを進めていることが特徴の一つです。女性の役割りをより発揮させるため、組織を代表する役職の半分に女性を配置する制度もその一例で、市長が男性なら副市長は女性で、その逆もあります。人口の半分は女性ですから、組織のトップも女性が半分いて当たり前ですが、日本などではまだ圧倒的に男性の割合が高い状態です。

二〇一九年にフェクトとの交流の場へ、男性のキルティプル市長と一緒に女性の副市長がサリー姿で同席しました。市長は、「病気になる前の予防が大事で、研修を受けた専門の女性ボランティア一〇八人が、血圧測定や塩分チェックなどをしています」と話してくれました。

ボランティアの女性は、「女性が健康であれば家族も健康に過ごせるので、私はその役に立ちたい」と触れていました。

人口が約七万人の同市で、一〇八人の担当者が動き、市民の健康を地域から守ろうとしていることは、とても素晴らしい取り組みではないでしょうか。

王政から議会制へ移行して間もないネパールの今は、日本の明治維新の頃の社会変化に似ています。日本では薩摩藩と長州藩の中心となった明治政府が、中央集権で富国強兵を推し進めました。その結果、経済的には豊かになりましたが、いくつもの戦争を経て文化や教育や自然環境などで問題を抱えたまま今日に至っています。

ネパールにおける住民による地域からの健康づくりは、日本のこれからの社会づくりにとっても参考になるのではないでしょうか。

4　被爆ハマユウの祈り

被爆ハマユウは、これまで紹介した団体や地域だけでなく、他にも植わっている場所はいくつかあります。それでも紛争や災害などの数に比べると、まだまだ少ないと思います。地球上のどこでも人々が涙を流す争いもなく、誰もが幸せに暮らすことのできる時が、一日も早く来ることを私も被爆ハマユウも心から願っています。

小さな被爆ハマユウの大きな祈りは、一人でも多くの方が、第一に戦争や被爆などの事実をまず知り、第二にその背景としての社会構造を理解し、第三にたとえ小さくても各自のできることから取り組み、第四に被爆ハマユウと共に歩んでくれることです。

①戦争や被爆の事実を知る

第一に、これまでの戦争や被爆などの事実を知り、その悲惨さを忘れずに一人ひとりが記憶することです。各地に数多くの記録や記念碑などがあるので、見て想像することにより過去を理解することができます。もしくは体験者から話を聞くことも効果的でしょう。

厳しかった私の父は、第二次世界大戦で帝国陸軍の下士官として中国大陸で戦い、戦争が終わったとき戦犯として処刑されることを恐れ、自ら左目をつぶし傷痍軍人として帰国し私は生まれたのです。

二〇一五年の東京新聞「平和の俳句　戦後七〇年」に、以下の私の句と記事が載りました。

〈眼《め》をつぶし　帰りし父は　土となり

高知で農業を営んでいた父の左目は義眼だったが、幼いころは気づかなかった。あるとき父が、農作業中に左目へ泥が飛んでもぬぐわなかったことから、義眼だと分かった。戦争で中国に行き、なんとか帰還するため、自ら目をつぶして傷痍軍人となったらしい。私にその是非は語れないが、死ぬまで黙々と田畑に向かい、働き続けた後ろ姿は、農業や平

和について考える私の原点となった〉
早乙女勝元さんが強調したように、希望する方向に安全運転で車を進めるため、歴史はなくてはならないバックミラーであり大切です。

②社会構造の理解

第二に、戦争や核兵器などが出現する社会構造の理解で、それらの原因まで追究することによって因果関係を知り、反戦反核の取り組みをより強めることができます。

さらには戦争より視野を広げ、構造的暴力の理解も大切です。構造的暴力とは、一九三〇年にノルウェー生まれの社会学者ヨハン・ガルトゥングが、一九六九年に提案した暴力に関する新しい概念で、貧困・飢餓・抑圧・疎外など社会の不平等を、構造的で間接的な暴力としました。この考えは、社会的不正義の連鎖を明らかにして除去することが、戦争でない狭義の平和だけでなく、広義の平和を実現させる概念として新鮮でした。

こうした構造的暴力に注目することは、最近のＳＤＧｓ《エスディージーズ》にもつながります。ＳＤＧｓは、二〇一五年の国連サミットで採択した「持続可能な開発のための二〇三〇アジェンダ」で掲げた、二〇一六年から二〇三〇年までの国際目標です。持続可能な世界を実現するため、貧困、飢餓、生活と福祉、教育、ジェンダー平等、水と衛生、近代的エネルギー、経済成長及び雇用、インフラ構築持続可能な産業化、不平等、都市及び居住、生産消費、気候変動、海洋と海洋資源、陸域生態系、社会、グローバル・パートナーシップの一七のゴールで構成し、世界の誰も見捨てないと誓っています。

表面に現れる形はそれぞれ異なっていても、根が同じ社会構造になっていることの理解が重要です。

③各自にできることからの取り組み

第三に、たとえどんなに小さくても、各自にできることからの取り組みが大切です。平和な社会をつくるためには、時の政府に国民本位の政治をさせることはもちろん重要ですが、あわせて政治以外にも個人の力で実現できることはいくつもあります。

戦争や紛争などは、民族や宗教の対立とマスコミでは表現しますが、突き詰めると石油や天然ガスなど資源の利権の争いで、過剰な富の集中が原因です。

我が家で凛と咲く被爆ハマユウ

世界の経済を主導している資本主義は、時代や地域によっていくつかのタイプに分かれたり複合化して今日に至っています。戦後の日本に影響を与えているアメリカは、金融資本主義とも呼ばれ、暮らしや社会を豊かにする本来は道具であった経済が、逆転して目的になり富の集中を過剰に強めています。社会の一部であった経世済民の経済が、今や文化や政治だけでなく社会全体をも動かしています。戦争や核兵器に関わる軍需産業だけでなく、ごく一部の国際金融資本家に莫大な利益が集まる反面、富の再分配の機能が不十分で、多くの庶民は貧困にあえいでいます。例えばアメリカでは、安心して医療機関を訪ねることのできない健康保険未加入者は二七五〇万人で、路上など厳しい環境で寝起きするホームレスは五七万人もいて、新型コロナウィルス感染の脅威にもおびえています。

日本も含めた金融資本主義の社会では、お金・グルメ・酒・旅行・ファッション・健康・美容・ギャンブル・セックス・情報など、個人の欲望を限りなく刺激し、過剰な生産・消費・廃棄へとつなげて無駄をいつも促し続け、浪費の資本主義と呼ぶ人もいます。

そこで浪費しない暮らしを各自がすれば、金融資本主義へ抗することになり、その動きが大きくなれば、やがて経済が本来の道具に戻り、誰もが安心して暮らす社会に近づくことでしょう。

④被爆ハマユウと共に

第四に、被爆ハマユウと共に歩むことです。

かつて学校で私たちは、時代と共に科学や産業などは進歩し、連動して人々の暮らしは豊かになり幸せになってきて、これからも続くと学びました。時代が江戸から明治へ、明治から大正・昭和・平成・令和と経た今、確かに家電製品は増え、交通機関などの社会基盤は拡充し、深夜にも利用できるコンビニ店は各地にあるなど、暮らしが楽になったことはいくつもあります。

それでも楽になることが、全て幸せになったか考えると、どうも違うのではないでしょうか。私たち庶民が、時代とともに安心して暮らしてきたのか省みると、明治時代から増えた外国との戦争もあれば、第二次世界大戦後はアメリカ軍の自由に出撃する基地が、沖縄や首都圏など各地に今も存在するし、歴代の政権が否定した集団的自衛権を最近は認め、軍隊である自衛隊の海外派遣緩和も進めています。また福島の東電第一原発事故では、津波の前に地震ですでに原発のトラブルを発生させており、地震大国の我が国は同じ過酷な被害を他でも発生させる危険性があります。

自らの将来に希望が持てないから、日本では結婚や子どもの数が減り、国の人口も二〇〇四年の一億二七八四万人をピークに減少傾向となっているし、いじめや引きこもりや自殺などの社会問題も続いています。そうした中で、一人ひとりがどんな社会を求め、どう主体的に人間らしく生きていくのかますます問われているのではないでしょうか。

そうしたときに被爆ハマユウと共に歩むことは、三つの意義があると私は考えます。

一つ目は、尾島良平さんが被爆ハマユウを破魔勇と書いたように、原爆にも負けないたくましい自然の生命力を、一人ひとりが内部に持っている自覚です。魔の漢字は、人を痺《しび》れさす麻と鬼との合成で、それを破る勇ましさを被爆ハマユウは持っているとしました。

戦争や核兵器につながる大きな魔もあれば、個人の欲望を刺激して浪費をあおる小さな魔もいます。こうした魔を破る力を被爆ハマユウは持ち、同じ生物の一つで植物より高度な人も、同様のすばらしい力を備えていると私は信じます。

二つ目は、文化を秘めた被爆ハマユウを愛でることにより、多様な価値観を共有することです。それぞれの存在する意味を理解すれば、相手を否定せず共に生きる気持ちになることでしょう。

戦争や紛争といった対立は、双方が武力による決着をめざしますが、日本を含め世界の歴史は、それらが本質的な解決にならないことを示しています。『新約聖書』で、「剣を取る者は皆、剣で滅びる」（マタイ二六章五二節）と教えている通りです。

このため武力で威嚇《いかく》する政治でなく、文化や経済や人など多様な交流で国家間のつながりを密にすることが、本当の安全保障になるとの考えが世界に広がりつつあります。

イギリスの国際戦略研究所（ＩＩＳＳ）は、『ミリタリー・バランス二〇二〇版』において、二〇一九年の世界の軍事費は前年より四％増え約一九〇兆円と発表しました。日本の一般会計の二倍近い莫大な金額を、教育・衛生・反地球温暖化・子育て・防災などにも少しも使うことができれば、世界の人々の暮らしが大きく改善することは間違いありません。

三つ目は、被爆ハマユウの歩みを知り、自然の一つである植物と人間とのつながりを通し、出会いや関係性の大切さを理解することです。

どんなに優秀な人でも、一人だけで生きていくことは決してできません。日々の衣食住だけでなく、文化や情報やエネルギーなど、どれも多くの人や自然が深く関わっています。人間と人間の関係や人間と自然との関係もあれば、さらには過去・現在・未来の時間軸や、家庭・学校・職場・地域・国・世界・宇宙といった空間軸での関係も大切です。

誰もがこうした関係性の中で生きているし、同時に生かされていることを知れば、他人や自然との関係をより大切にして、自らの生活や成長にも反映していくのではないでしょうか。

こうした被爆ハマユウの祈りが、これからもぜひ各地に広がってほしいものです。

あとがき

私の人生の三原則である「歩く、聴く、書く」に沿って、今回は被爆ハマユウについてまとめました。いずれ自由に歩くことができなくなった時に、人生の総仕上げとして、被爆ハマユウの本を書くと以前から決めていました。それでも七一歳になった私は、いつ認知症や事故などで書くことができなくなるか分からないので、可能なとき仕上げることにしました。

さらには沖縄の辺野古や伊江島を訪ね、着々と進む軍備の増強を目の前にし、早めに被爆ハマユウの本をまとめることにしたのです。

被爆ハマユウと私は、一九九五年からの付き合いですからすでに二五年がたっています。各地へ届けるため使った日数と金額は、かなりの量になります。ときには日本の許可書を持参しても、外国の空港で独自の検疫が必要と、持っていったハマユウを没収され悔しい思いをしたことも数回ありました。

それでも被爆ハマユウを通して、各地で素敵な方たちに必ず出会うことができ、私はいつもワクワクし、掛けた時間や費用に勝る喜びがいくつもありました。そのためこれからも私は、一本でも多くの被爆ハマユウを各地へ届けたいと願っています。

広島で被爆したハマユウは、鎌倉を拠点にして国内の各地に届き、さらには海外へと歩んできました。それらを私は次の讃歌にさせてもらいました。

被爆ハマユウの祈り
あおい空　モミジはもゆる　比治山《ひじやま》に
背伸ばし　白い花咲く　ハマユウよ
ピカは落ち　ガレキの下から　みどりの葉
太陽と雨　根をたくましく
広島の祈り　生き抜く力

あとがき

いにしえの　歴史はかおる　鎌倉へ
夏空に　白い花咲く　ハマユウよ
戦《いくさ》止め　悲しみを消し　優しさひろく
月山風《つきやまかぜ》と　みんなを友に
日本の祈り　つながる心

わらべ泣き　涙流るる　国へ行き
魔を破り　白い花咲く　ハマユウよ
宇宙の虹　あまねく光り　隅まで照らす
友愛と慈悲　深くかおらせ
世界の祈り　微笑む命

平和な社会をつくるためには、人文・社会・自然の各科学の学問が大切であることはもちろんです。こうした文字で表現できる人類の英知と同時に、それら全体を温かく包み込み支えるものとして、文字には表現できない全てを慈《いつく》しむ大きな祈りがあると私は考えています。祈りのない経済が、富を集中させて格差社会を広げテロや戦争の要因になり、祈りのない科学や技術が、兵器となって多くの人々を殺し苦しめ、祈りのない政治が社会をゆがめ多くの生活困窮者を出しています。

大きな天災や人災に遭遇した人は、圧倒的な力に押しつぶされそうになりますが、岩に爪を立ててもよじ登るように、どうにかして生きようともがきます。そうした矛盾の中でも、歩む勇気を与えてくれるのは心からの祈りであり、また自然を含めた他者との関係性にあると私は考えます。

自然やあらゆる命を尊重する人々が、古代から天や山などに向け合掌し祈ってきたように、私も被爆ハマユウと今後も祈りを続けたいと念じています。

厳しい出版業界の中で、この本を出してもらった株式会社同時代社の川上隆代表に、心から感謝します。そして何よりも最後まで読んでいただき、誠にありがとうございました。

二〇二〇年六月二〇日　利根川の畔で新型コロナウイルスとの共生を考えつつ

西村一郎

資料　被爆ハマユウの寄贈先

1　日本

①はらまちひばり、あさがお、ほっと悠、ぴ～なっつ、えんどう豆　福島県南相馬市
②東京大空襲・戦災資料センター　東京都江東区
③上野東照宮　東京都台東区
④東京都立第五福竜丸展示館　東京都江東区
⑤ささえあい生協　新潟県新潟市
⑥四街道市民ミュージカル実行委員会　千葉県四街道
⑦原爆の図丸木美術館　埼玉県東松山市
⑧コープみらい　コーププラザ　埼玉県さいたま市、他七ヵ所
⑨愛とヒューマンのコンサート　埼玉県坂戸市
⑩大船観音寺　神奈川県鎌倉市
⑪亀岡八幡宮　神奈川県逗子市
⑫南医療生協　南生協病院　愛知県名古屋市
⑬医療生協こうせい駅前診療所　滋賀県湖南市
⑭コープこうべ　協同学園　兵庫県三木市
⑮広島平和記念公園　広島県広島市
⑯広島ＹＭＣＡ３号館　広島県広島市

⑰生協ひろしま本部　広島県廿日市
⑱山本達雄墓前、山本拓道宅　福岡県八女市星野村
⑲わびあいの里　沖縄県国頭郡伊江村
⑳海岸、キャンプシュワブのゲート前　沖縄県名護市辺野古

2　海外

①平和奉仕団ヘモウム各支部　韓国ソウル市、釜山市、慶尚南道
②原爆被害者協会各支部　韓国ソウル市、他
③昆明小学校、ヤロ小学校　韓国慶尚南道
④ハプチョン原爆福祉会館　韓国慶南陝川郡
⑤ナヌムの家　韓国京畿道広州市
⑥慶州ナザレ園　韓国慶尚北道慶州市
⑦二二八和平公園　台湾台北市
⑧宜蘭公園　台湾宜蘭市
⑨市民公園　台湾新竹市
⑩水爆実験被爆者団体　マーシャル諸島マジュロ
⑪小学校　スリランカ　マータラ市、他
⑫ベトナム協同組合連合会　ベトナム　ハノイ市
⑬カトマンズモデル病院　ネパール　カトマンズ市
⑭キルティプル市役所　ネパール　キルティプル市

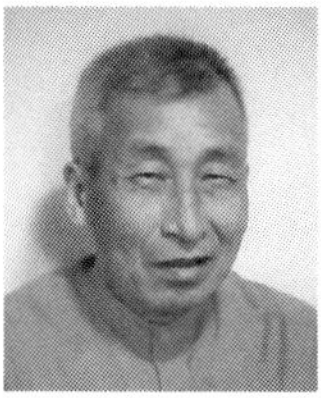

著者略歴

西村　一郎（にしむら　いちろう）

1949年４月29日　高知県生まれ

2010年　公益財団法人生協総合研究所を定年退職。その後はジャーナリスト

2012年　平和・協同ジャーナリスト基金奨励賞を受賞

所属　被爆ハマユウ・クラブ　日本科学者会議

著書　『協同っていいかも』合同出版　2011年、『悲しみを乗りこえて共に歩もう』合同出版　2012年、『被災地につなげる笑顔』日本生協連出版部　2012年、『３・11忘れない、伝える、続ける、つなげる』日本生協連出版部　2013年、『福島の子ども保養』合同出版　2014年、『宮城・食の復興』生活文化社　2014年、『協同の力でいのち輝け』合同出版　2015年、『愛とヒューマンのコンサート』合同出版　2016年、他多数

雅号　三休

連絡先

〒302-0011　茨城県取手市井野4417-1

e-mail:info@nishimuraichirou.com

広島・被爆ハマユウの祈り

2020年７月20日　初版第１刷発行

著　者　西村一郎
装　幀　クリエイティブ・コンセプト
制　作　いりす
発行者　川上　隆
発行所　㈱同時代社
〒101-0065　東京都千代田区西神田2-7-6 川合ビル
電話 03(3261)3149　FAX 03(3261)3237
印　刷　中央精版印刷株式会社

ISBN978-4-88683-882-7